안토니 가우디

꿈꾸는 건축가

안토니 가우디

꿈꾸는 건축가

자음과모음

차례

1장

소년, 자연에서 건축을 배우다

어머니, 왜 나는 아프기만 해요?

해질 무렵 한 노인이 거리에 서 있다. 가로수 옆에 서서 허공을 올려다보고 있는 노인의 앙상한 다리에는 붕대가 감겨 있고, 낡은 신발은 고무줄로 동여매어져 있다. 바람이 불면 곰팡이가 핀 옷자락이 펄럭거렸다.

많은 사람들이 거지 꼴을 한 노인 곁을 지나쳐 갔다. 길을 건너려던 남자가 노인에게 동전 몇 개를 건네주었다. 노인은 축복의 말을 건네고는 다시 고개를 들었다. 남자도 노인을 따라 허공을 올려다보았다. 저 멀리 어둑해져 가는 하늘을 배경으로 공사 중인 '성가족 대성당'이 보였다. 노인은 꿈꾸는 듯한 눈빛으로 그것을 올려다보고 있었다.

‘넋이 나가 있네. 기도라도 하고 있는 건가?’

노인의 머릿속에는 완성된 성가족 대성당의 모습이 그려지고 있었다. 첨탑이 솟아오르고 하늘로 계단이 올라간다. 성당 안으로 가족들이 손을 잡고 들어와 기도를 한다. 창으로 들어온 햇살이 그들의 정수리를 비춰 줄 것이다.

어머니처럼 따사롭게 사람들을 품어 주는 성당, 그것은 노인의 오래된 꿈이었다.

그때, 노인을 향해 사람들을 잔뜩 태운 전차가 달려왔다. 전차 기사는 전찻길에 선 노인을 보고 경적을 울렸다. 며칠 전에도 노인은 전차에 치일 뻔했다. 전차가 달려오는 것을 뻔히 보면서도 피하지 않았기 때문이었다. 전차 기사가 화를 내자, 노인은 전차보다 사람이 먼저라고 오히려 호통을 쳤었다.

“비켜, 비키라고!”

전차 기사는 경적을 울렸지만, 노인은 꼼짝도 하지 않았다.

‘설마…… 이번엔 피하겠지.’

전차가 급정거하자 승객들은 손잡이를 잡고 비틀거렸다. 몇몇은 바닥에 쓰러지며 비명을 질렀고, 몇몇은 전차 밖으로 고개를 내밀었다.

거지 노인이 전차 앞에 쓰러져 있었다. 벗겨진 모자가 노인의 발치에서 팔랑거리고 있었다.

"뭐야, 거지잖아."

"뭘 꾸물거려. 빨리 출발해!"

전차 기사는 노인을 가로수 옆에 옮겨 놓고, 다음 정거장을 향해 달려갔다.

몇 명의 행인들이 쓰러진 노인을 둘러쌌다.

"이봐, 정신 차려요. 이름이 뭐요? 집은 어디고?"

노인은 대답하지 못했다. 너덜너덜한 주머니 속을 뒤지니 건포도와 땅콩 몇 알만 굴러 나왔다. 행인 중 누구도 그가 유명한 건축가 안토니 가우디라는 것을 알아보지 못했다. 노인의 눈꺼풀이 떨렸다. 저 멀리 대성당의 첨탑이 그를 내려다보고 있었다. 공사 중인 성당의 모습을 바라보며 노인은 천천히 눈을 감았다.

스페인의 건축가 안토니 가우디. 그는 한 도시의 지도를 바꾸어 놓은 사람이다. '가우디의 도시'로 불리는 바르셀로나를 걷다 보면 곳곳에서 가우디가 만든 건축물들을 만날 수 있다. 현실이 아닌 꿈 속의 세계를 옮겨 놓은 듯한 그의 건축물은 피라미드, 만리장성 등과 더불어 세계 문화유산으로도 지정되어 있다.

가우디는 평생을 독신으로 살며 건축에 자신의 혼을 바친 사람이다. 부자들을 위해 저택을, 가난한 사람들을 위해 성당을 지은 건축가 안토니 가우디. 그는 1852년 스페인의 레우스에서 가난한 대장장이의 아들로 태어났다.

대장장이 프란시스코는 몇 시간째 대장간 앞을 서성거리고 있었다. 대장간 안에서 아내의 비명 소리가 계속 들려왔지만, 아기는 좀처럼 세상으로 나오려고 하지 않았다.

'뭐가 잘못된 건가……?'

이미 3개월 간격으로 두 살과 다섯 살배기 아이를 잃은 프란시스코의 가슴은 타들어 갔다. 대장간을 둘러싼 바나나 나무에 햇빛이 비치다가 다시 수그러들었다. 밤이 되었지만 낮부터 시작된 비명 소리는 그치지 않았다.

다음 날 아침 햇살이 비치자 비로소 아기 울음소리가 들려왔다. 대장간 안으로 들어간 프란시스코는 아내의 품에서 아기를 안아 들었다. 빨간 머리에 푸른 눈을 한 잘생긴 아기였다. 하지만 아기의 울음소리는 작았고 얼굴은 창백했다.

짐을 챙겨 나가던 산파가 프란시스코에게 말했다.

"끄집어내기는 했는데 얼마나 살지는 나도 장담 못하우."

부부는 밤이 새도록 아기 곁을 지켰다. 프란시스코는 두 손을 모으고 기도를 했다.

'제발 살아만 다오.'

날이 밝자마자 부부는 강보에 싸인 아기를 성당으로 데리고 갔다. 숨이 붙어 있을 때 세례라도 받아야 천국에 갈 수 있다는 생각에서였다. 사제는 갓 태어난 아기의 이마에 물을 뿌리고 세례를 베풀었다. 아기에게는 어머니(안토니아 코르네트 베르트)와 아버지(프란시스코 가우디 세라)의 이름을 따 '안토니오 가우디'라는 이름이 붙여졌다.

가우디는 다행히 천국으로 가지 않고 부모 곁에 머물렀다. 하지만 태어날 때부터 약했던 가우디는 자라면서 온갖 병에 시달렸다. 두 아이를 먼저 하늘로 보낸 가우디의 어머니는 자나 깨나 몸이 약한 아들을 걱정했다.

며칠째 기침 때문에 가우디가 잠을 못 자고, 밥도 먹지 못하자 그녀는 의사를 불렀다.

웃옷을 걷어 올리니 앙상한 갈비뼈가 드러났다. 기침을 하자 갈비뼈가 들썩였다.

진찰을 마친 의사가 그녀에게 말했다.

"충분히 쉬지 않는다면, 저 아이는 얼마 못 가 죽을 겁니다."

밤이 깊어져도 가우디는 잠을 이루지 못했다. 저승사자가 금세라도 문을 열고 들어올 것 같아서였다.

차가운 공기가 발에 닿았다. 갑자기 오싹한 기분을 느낀 가우디는 이불 속으로 발을 끌어 넣었다.

형은 건너편 침대에서 곤히 잠들어 있었다. 기침을 하자 가슴이 아파 왔다. 오늘 밤에도 잠을 제대로 자기는 글렀다. 억울했다. 매일 침대에 누워 형과 누나가 뛰어 노는 것을 보기만 했다.

'이렇게 아프기만 하다가 죽는다니. 너무 억울해.'

가우디는 이불을 뒤집어쓰고 훌쩍거렸다.

문이 열리는 소리가 들렸다. 가우디는 어머니의 품으로 파고들어 갔다.

"엄마, 난 왜 만날 아프기만 하지?"

어머니는 가우디의 머리를 쓰다듬어 주었다. 어머니의 품은 따스했다.

"안토니, 엄마가 말했지. 넌 아주 힘들게 세상에 나왔단다."

가우디는 고개를 끄덕였다.

"그렇게 남보다 병약하게 태어난 건,"

가우디는 어머니의 심장이 뛰는 소리에 귀를 기울였다.

"신께서 너에게만 특별히 시키실 일이 있기 때문일 거야."

어머니의 목소리는 기도를 할 때처럼 낮고 간절했다.

"그게 뭔데요?"

"글쎄…… 엄마도 아직은 알 수가 없어. 하나 분명한 것은 그 답을 알기 위해서 일단 병과 싸워 이겨야 한단다."

가우디는 어머니의 품속에서 잠이 들었다. 꿈속에서 그는 더 이상 아프지 않았다.

나만의 동물원, 몬세라트 산

　열한 살이 되던 해 가우디는 초등학교에 들어갔다. 하지만 날이 흐리면 관절염 때문에 다리가 아파 학교까지 걸어갈 수도 없었다. 그럴 때면 아버지는 가우디를 나귀 등에 업고 학교까지 데려다 주곤 했다.

　가우디는 나귀의 등에서 흔들리면서 긴 들판을 지나갔다. 그의 고향은 산과 바다에 둘러싸인 평야였다. 옥수수, 올리브, 아몬드가 심겨진 들판을 가로질러 강이 흘렀다. 강물 소리가 들렸고, 바다에서 불어오는 바람이 나뭇가지를 흔들고 가우디의 얼굴을 스쳐 갔다. 나귀의 등에 누워 가우디는 하늘을 올려다보았다.

　하늘에서는 구름이 집을 짓고 있다. 구름의 집 속으로 새들이 날

아들어 간다. 한 마리, 두 마리 줄을 지어 새들은 구름 속에 파묻힌다. 그런 자연 속에서 가우디는 아픔을 잠시 잊을 수 있었다.

그렇게라도 학교에 가지 못하는 날이면 가우디는 강가에서 놀았다. 또래 친구들은 모두 학교에 갔기에 늘 혼자서 놀아야 했다. 옥수수 밭을 지나 숲으로 들어섰다. 나뭇가지 사이에 거미줄이 걸려 있었다. 거미줄에 달린 이슬은 아침 햇살에 동그랗게 반짝이다 풀숲으로 툭툭 떨어져 내렸다.

거미줄이 있는 나무는 새들의 집이기도 하다. 가우디는 까치발을 하고 서서 둥지를 트는 새를 관찰하곤 했다. 새는 부지런히 지푸라기, 마른 나뭇잎, 깃털이나 잔가지 등을 모아다 집을 엮고 있었다. 새들은 들판 어디서나 손쉽게 찾을 수 있는 것들을 이용해 둥글고 근사한 둥우리를 만드는 것이다.

풀숲을 걷다가 허물을 벗은 뱀의 껍질을 발견한 적도 있었다. 가우디는 쭈그리고 앉아 눈구멍과 비늘 모양이 온전히 남아 있는 뱀 껍질을 들여다보았다. 주인이 빠져나간 달팽이 껍질, 개미집, 곤충의 반들거리는 등껍질, 죽은 새의 날개 한 짝, 물 밑을 오가는 물고기들은 모두 그의 장난감이 되어 주었다.

숲을 빠져나오면 강이 있었다. 가우디는 그곳에서 혼자 모래성을 쌓으며 하루를 보내기도 했다. 모래로 성을 쌓는 것이 쉬운 일은 아니어서, 가우디는 모래성 쌓기를 할 때마다 매번 애를 먹었다. 물의 양을 조절하는 것이 가장 어려웠다. 물기가 너무 많거나 적으면 모래성은 금방 허물어져 버렸다. 그는 여러 번 모래성을 무너뜨리고 나서야 적절한 물의 양을 알아낼 수 있었다. 저녁 무렵이면 강가에 산봉우리를 닮은 모래성들이 줄지어 세워졌다.

가우디는 모래성 옆에 누워 강 건너 몬세라트 산을 올려다보았다. 거대한 산 몬세라트는 가우디의 고향인 카탈루냐 지방의 상징이었다. 산 중턱에는 수도원이 있는데 거기엔 검은 얼굴의 성모상이 있다고 했다. 카탈루냐 사람이라면 누구나 그 성모상을 보고 싶어 하기 때문에 몬세라트 수도원은 순례자들로 북적거린다고 했다. 하지만 가우디는 아직 그곳에 가 본 적이 없었다. 거대한 산과 검은 얼굴의 성모상은 그에게 너무 멀리 있었다.

그 대신 가우디가 볼 수 있었던 것은 몬세라트 산의 바위들이었다. 산의 정상에는 모양이 제각각인 1,500여 개의 바위들이 다닥다닥 붙어 있었다. 가우디에게는 바위 하나하나가 동물처럼 보였다. 원숭이처럼 생긴 바위, 부엉이나 도마뱀 같은 형상을 한 바위와 당나귀와 토끼를 닮은 바위도 있었다. 햇빛이 좋은 날에는 돌 동물들은 금방이라도 움직여 그에게 다가올 것 같았다. 몬세라트 산의 정상은 가우디만의 동물원이었다.

혼자였지만 가우디는 그다지 외롭지 않았다. 그에게는 몬세라트 산을 포함한 자연이 있었다. 나무와 강, 산은 언제나 같은 자리에서 그를 기다려 주었고, 자연 속에서 소년은 가장 행복해했다.

가우디에게 자연은 놀이터이기도 했지만 교과서기도 했다. 그는 자연 속에서 많은 것들을 배웠다.

자연 시간에 선생님은 칠판에 새 그림들을 붙여 놓고는 말했다.

"자, 오늘은 새들이 날개를 가지고 무엇을 하는지 알아보자."

아이들이 앞 다투어 손을 들었다. 선생님이 한 아이를 가리켰다.

"나는 데 씁니다. 새에게 날개가 있는 건 날기 위해서 입니다."

선생님은 고개를 끄덕였다.

"그래, 날개가 있어서 새들은 하늘을 날 수 있지."

구석 자리에 앉은 가우디가 고개를 갸웃거렸다. 선생님은 그를 지목했다.

"우리 집 마당에서 키우는 닭들은 모두 날지 못합니다. 닭들은 날기 위해 날개를 쓰는 법이 없습니다. 하지만,"

아이들이 가우디를 바라보았다.

"빨리 달릴 때는 날개를 쓰던데요."

가우디의 대답에 선생님은 고개를 끄덕였다. 닭들은 날지 못하지만 빨리 달려야 할 때는 두 날개를 힘껏 퍼덕인다.

가우디는 또래보다 관찰력이 뛰어난 소년이었다. 다른 아이들이 뛰어놀 때 허약한 가우디는 가만히 앉아만 있어야 할 때가 많았다. 처음에는 앉아만 있는 것이 답답했지만 사람들이나 사물들을 오랫

동안 바라보고 있다 보면 가우디는 남들이 보지 못한 것을 볼 수 있었다. 발아래 개미나 나뭇잎의 흔들림, 사람의 몸이 어떻게 움직이는지, 아이들이 기쁘고 슬플 때 어떤 표정을 짓는지를 알게 되었던 것이다. 몸이 약했기 때문에 가질 수 있었던 뛰어난 관찰력은 가우디가 훌륭한 건축가로 자라는 데 큰 힘이 되었다.

도시 속의 성당

가우디의 집안사람들은 대대로 대장장이였다. 아버지, 할아버지, 증조할아버지는 모두 솥 전문 대장장이였고, 외갓집 어른들도 장인이었다. 몸속에 장인의 피가 흐르고 있는 가우디도 아버지의 대장간에 머무는 것을 좋아했다.

가우디는 시간만 나면 대장간 구석에 앉아 그릇 만드는 것을 지켜보곤 했다. 웃통을 벗은 아버지가 달구어진 금속 덩어리에 쉴 새 없이 망치질을 하면 구리 덩어리는 점점 반짝이는 그릇으로 바뀌었다. 어린 가우디에게 그런 변화의 과정은 마법처럼 보였다. 볼품없는 금속 덩어리를 아름다운 그릇으로 변신시키는 아버지는 마법사와 같았다. 아무리 못생긴 금속 덩이도 아버지의 손을 거치면 멋진 그릇으로 다시 태어나는 것이 아닌가.

힘든 노동으로 아버지의 손은 갈라져 있었고, 1,000도가 넘는 불 앞에서 일했기 때문에 얼굴은 늘 불그스레했다. 아버지의 바지에는 불똥 튄 자국이 남아 있었고, 몸에서는 늘 시큼한 쇠 냄새가 났다. 가우디에게 그것은 아버지의 냄새였다.

가우디는 아버지와 같은 대장장이가 되고 싶었다. 학교에서 돌아오면 화로 조수로 일했다. 무엇이든 궁금하면 물어보았고, 아버지를 졸라 망치를 쥐어 보기도 했다. 그러나 아직은 망치질을 제대로 하기도 힘들었다.

'학교만 졸업하면 아버지의 뒤를 이어 대장장이가 될 거다.'

형은 고등학교를 졸업하면 바르셀로나로 나가 의학 공부를 하고 싶다고 했다. 어린 시절 형제의 죽음을 보고 아픈 동생을 돌봐야 했던 형이 의사가 되겠다는 것은 당연했다. 그리고 형이 떠나면 누군가 아버지의 뒤를 이어 대장간을 지켜야 했다.

"아버지, 전 아버지 같은 대장장이가 될 거예요."

땀을 닦던 아버지는 아들을 내려다보았다. 아버지는 가우디가 얼마나 대장간을 좋아하는지 잘 알고 있었다. 그러나 아버지는 고개를 저었다.

"안 된다, 애야. 대장장이 말고 다른 것을 찾아보렴."

뜻밖이었다. 가우디는 아버지가 그런 말을 하는 자기를 대견하게 여길 거라고 생각했다.

"몸이 약해서 안 된다고 하시는 거죠. 좀 더 자라면 저도 아빠처럼 힘이 세질 거예요."

아버지는 가우디의 손을 잡았다. 방금 전까지 망치를 쥐고 있었

던 아버지의 손은 뜨거웠다.

"얘야, 이제 손으로 무엇을 만드는 시대는 끝났다. 조만간 기계가 사람의 손을 대신할 거야."

아버지는 이제 대장간이 아니라 공장에서 찍어 낸 물건들이 상점을 채울 것이라는 것을 알고 있었다. 그렇게 되면 대장간과 대장장이는 쓸모없어질 게 당연했다.

아버지는 가우디가 공부하기를 원했다. 세상은 바뀌고 있었다. 귀족이나 부자의 아이들뿐만 아니라 보통 사람들의 자식들도 학교에 갈 수 있는 세상이 된 것이다. 학교에 들어가 노력만 한다면 신분이나 재산과는 상관없이 성공할 수 있다. 아버지는 아들이 좁은 대장간을 벗어나 넓은 세상 속에서 다른 꿈을 펼치기를 바랐다.

"너는 대장간에서 나고 자라서 이 세상에는 대장장이만 있다고 생각하는 거다. 아니야, 이 세상에는 수많은 다른 일들이 있단다. 되도록 많은 것들을 접해야 한단다. 네 길을 찾기 위해서는."

아버지는 가우디의 양쪽 어깨를 꼭 잡고 말했다.

"그래, 안토니 더 많이 배워야 한단다."

얼마 후 가우디의 아버지는 두 아이들이 학교에 다니기 쉽게 도시로 이사를 했다. 그동안 보아 왔던 낯익은 것들 대신 낯선 것들이 그 자리를 채우기 시작했다. 나무 대신 가로등이, 들판을 가로지르던 강 대신 다닥다닥 붙은 집들 사이로 골목이 흘러가고 있었으며, 하늘로 치솟아 있는 것은 산봉우리가 아니라 성당의 첨탑이었다.

도시에는 화려하고 큰 건물들도 많았다. 이사 간 집 바로 뒤에는 18세기의 건축물인 보파롤 궁이 있었다. 창문을 열면 해바라기 대신 황금빛 조각상이 내다보였고, 바람이 불 때마다 나뭇잎 대신 보파롤 궁의 지붕에 서 있는 풍향계가 움직였다. 시골과 도시의 풍경은 많이 달랐다. 나무들 대신 건물들이 숲을 이루고 있는 곳, 그곳이 도시였다. 가우디는 학교에 가기 위해 그 숲을 걸어가야 했다.

학교로 가는 길에는 고딕 양식의 성당이 있었다. 다른 고딕 양식의 성당처럼 천장은 높았고 첨탑은 뾰족했다. 너무 크고 엄숙하게 생겨 가까이 갈 엄두조차 나지 않았다. 너 같은 어린 아이가 들어올 곳이 아니야, 하는 소리를 들으며 등덜미를 잡혀 쫓겨날 것 같았다.

어느 날 하교 길에 비가 쏟아져 내렸다. 가우디는 비를 맞으면 대번에 감기에 걸리고 마니, 어떻게든 비를 피해야 했다. 그는 성당 안으로 뛰어들어 갔다. 어두운 예배당에는 촛불이 점점이 켜져 있었다. 성당의 벽에는 촛불이 만든 그림자가 일렁이고 있었다. 기도석에 앉아 고개를 조아리고 있는 사람들은 소년에게 관심을 보이지 않았다.

고요했다. 양초의 심지가 타들어 가는 소리밖에 들리지 않았다. 거리에서 떠들고 소리를 질러 대던 사람들도 성당 안에서는 목소리를 낮췄다. 오래된 성당은 사람들의 마음을 저절로 차분하게 만들었다. 성당이란 곳이 사람들의 마음에 마법을 거는 것 같았다.

가우디는 발소리를 죽이며 성당 이곳저곳을 돌아다녔다. 천정은 높디높았고, 기둥은 줄지어 제단까지 이어져 있었다. 가우디는 성당 구석에서 돌계단을 발견했다. 큼지막한 돌로 쌓아 올린 멋진 계단 끝에는 뭔가 근사한 것이 있을 것만 같았다. 가우디는 계단을 따라 위로 올라갔다.

계단 끝에는 옥상이 있었다. 옥상으로 나가자 도시가 한눈에 내려다보였다. 성당 꼭대기에서 본 도시는 지금까지 그가 보아 온 모습과는 다르게 보였다. 바쁘게 오가는 사람들의 옆구리와 커다란 건물들의 부분만 보아 오던 가우디에게 그것은 색다른 경험이었다. 이리저리 뻗은 도시의 길은 거미줄 같았고, 길거리의 가로등들은 어린 나무처럼 보였다. 돌로 만들어진 건물들은 비에 젖어 잿빛으로 번질거리고, 지붕들은 펼쳐진 꽃잎 같았다.

비에 젖은 도시 풍경은 아름다웠다. 도시를 빠져나오자 비로소 도시는 자신의 모습을 드러내 보여 준 것이다. 옥상에 선 가우디는 처음으로 도시가 아름답다고 생각했다.

가우디는 그 도시에서 자라나 고등학생이 되었다. 기회가 열려 있다고는 하지만 실제로 교육을 받는 사람들은 지위가 높거나 부유한 집안의 아이들이었다. 대장장이 집안에서 고등교육을 시킨 것은 대단한 일이었다. 그러나 가우디는 우수한 학생은 아니었다. 기하학을 제외한 다른 과목의 성적은 형편없었다. 그는 암기를 싫어했다.

'어째서 외우면 외울수록 머릿속은 점점 텅 비는 것 같을까.'

허약한 몸도 공부에 걸림돌이 되었다. 도대체 무슨 생각으로 학교에 다니는 거냐며 성적표를 본 아버지가 한탄했다. 그래도 기를 쓰고 수업에 빠지지 않았던 것은 토다와 리베라가 있어서였다.

가우디와 토다, 리베라, 이들 셋은 단짝이었다. 이들은 교내 잡지인 〈어릿광대〉를 함께 만들며 친해진 사이였다. 토다와 리베라는 기사를 썼고, 표지 디자인과 삽화를 맡은 것은 미술에 소질이 있던 가우디였다. 그렇게 함께 일을 하면서 그들은 우정을 쌓아 갔다.

가우디와 토다, 리베라는 모두 카탈루냐의 역사와 예술에 관심이 많았다. 소년들은 쉬는 시간이면 모여 앉아 카탈루냐의 영웅들에 대해 이야기를 나누곤 했다. 13세기 마요르카를 점령한 정복자 하이메 1세나 아메리카 대륙으로 떠난 콜럼버스는 그들의 스타였다.

그 시절 레우스에서 배출된 두 명의 유명 인사도 소년들의 영웅이었다. 무능한 왕실에 반란을 일으킨 프림 장군과 화가 포루투니가 바로 그들이었다. 포루투니와 프림 장군의 이야기는 레우스 신문에 매일 실렸고, 그들의 일거수일투족은 레우스 사람들의 입에

끊임없이 오르내렸다.

"포루투니가 로마에 집을 샀대. 우와! 그림을 그려 돈을 그렇게 많이 벌 수 있다고?"

"프림 장군이 공화국 설립에 필요한 법을 제정한대. 이번에야말로 왕이 뜨거운 맛을 보겠구먼."

토다와 리베라는 용감한 프림 장군에게 열광했다.

"프림 장군이야말로 진정한 카탈루냐의 영웅이야. 그치, 안토니?"

그러나 가우디가 관심을 가진 것은 화가 포루투니였다. 가우디는 포루투니의 작품 〈테투안의 전투〉를 신문지에서 오려내 책상 앞에 붙여 놓았다. 생생한 전쟁터가 책상 앞에 펼쳐져 있었다. 금방이라도 말을 탄 장군이 방 안으로 뛰어들어 올 것 같았다. 포루투니는 장군이 입고 있는 옷의 단추 하나하나도 세밀하게 그렸고, 말의 꼬리털 하나하나에도 공을 들였다.

'이 정도 솜씨는 되어야 이름을 날릴 수 있겠구나.'

가우디는 종이 위에 〈테투안의 전투〉를 옮겨 그리며 화가로서의 꿈을 키워 갔다. 레우스를 벗어나 성공하고 싶었던 가우디에게 화가 포루투니는 좋은 본보기가 되었다.

'이제 얼마 안 있으면 바르셀로나에서 레우스까지 기찻길이 놓인다. 나도 언젠가 그 기차를 타고 바르셀로나로 가서 유명한 화가가 될 것이다. 내 손으로 그린 그림이 성당에 걸리고, 사람들의 사

랑과 관심을 받게 되겠지. 그것이 신이 내게 시키고 싶었던 일이 아닐까…….'

역사와 예술에 관심이 많았던 소년들은 방학 때면 아마추어 고고학자로 변신해 시간만 나면 유적지를 찾아갔다. 로마 시대 화로터의 구석기시대 유물, 청동기시대의 무덤 등이 그들의 탐험지가 되었다. 가우디의 아버지는 공부를 하라고 닦달했고, 어머니는 몸이 약한 아들이 사고라도 당하지 않을까 걱정했지만 가우디는 친구와 함께하는 여행에 절대 빠질 수 없었다.

그중 가우디에게 큰 영향을 주었던 여행지는 '타라고나'였다. 타라고나는 구약시대의 묘지, 서고트족의 소박한 건축물, 로마네스크 양식의 건축물, 고딕 양식의 대성당 등 스페인 역사에 등장하는 모든 건축물들을 만나 볼 수 있는 곳이었다.

타라고나에 도착한 소년들은 우선 유적지의 크기에 놀랐다. 원형극장, 실내 시장, 목욕탕, 원형경기장, 수많은 사원들 등등. 하루에 다 볼 수도 없었다. 게다가 이렇게 거대한 유적지에서 사람 그림자 하나 볼 수 없다는 것도 신기한 일이었다. 그곳에는 돌무더기들밖에 없었고, 잡초만 무성했다. 한때 사람들이 살았던 곳이 이렇게 황무지로 변해 버린 것을 보고 소년들은 쓸쓸한 기분을 느꼈다.

소년들은 돌무더기 사이로 걸어 들어갔다. 까마귀의 불길한 울음소리가 들려왔다. 저쪽에서 시커먼 까마귀가 돌을 쪼아 대고 있었다. 까마귀는 동물의 시체를 뜯어 먹는 새다. 사람들이 모두 사라진 폐허에 그런 까마귀가 서성거리고 있다는 것이 소년들의 마음을 불편하게 만들었다.

"저놈의 까마귀!"

울컥하는 마음에 리베라가 돌을 주워 들자, 토다는 재빨리 그 돌을 빼앗았다.

"함부로 던지면 안 돼."

리베라의 손에 들려 있던 돌에는 동그라미가 새겨져 있었다. 이곳에 있는 돌들은 한때 건축물의 일부였다. 굴러다니는 돌들은 모두 역사를 간직한 유물인 것이다.

"우린 고고학자야. 돌 하나도 함부로 다루면 안 돼."

가우디의 말을 들은 리베라는 돌을 그 자리에 가만히 놓아두었다. 고고학이란 유물과 유적을 통해 옛사람들의 생활과 문화를 연구하는 학문이다. 옛 사람의 흔적이 남아 있는 것은 무엇이든 고고학자들에게는 소중하다. 사람이 살았던 건축물의 일부였던 돌도 마찬가지다. 돌 하나도 만만하게 보아서는 안 되는 것이 고고학자가 갖추어야 할 기본적인 자세이다.

해질 무렵 소년들은 타라고나 유적 안의 대성당으로 올라가는 계단 밑에 섰다. 소년들은 돌계단 위로 성큼성큼 올라갔다. 성당 입구의 회색빛 돌로 만든 거대한 조각들은 돌 속에 사로잡힌 거인들 같았다. 그 조각들에게는 보는 사람들을 압도하는 힘이 있었다.

"대단한데."

토다는 휘파람을 불며 앞장섰다. 그를 따라 리베라와 가우디도 성당 안으로 들어갔다. 성당 안은 넓고 고요했다. 열린 문틈으로 들어온 바람 소리는 유령의 휘파람 소리 같았다. 횃불을 든 소년들의 그림자가 성당 벽에 일렁였다. 잠들어 있는 커다란 괴물의 배 속에 들어선 것 같았다. 그만 집으로 돌아가고 싶을 정도로 등골이 오싹했다. 그러나 그런 속마음을 털어놓으면 겁쟁이라고 놀림을 당할 것이었다. 소년들은 숨을 죽인 채 조심조심 안으로 들어갔다.

성당은 안으로 들어갈수록 좁아졌다. 끝에 다다르니 거미줄에 걸린 듯 옴짝달싹도 못할 정도였다. 가우디는 그곳에 서서 천장을 올려다보았다. 천장은 끝을 알 수 없게 높았다. 그 천장 아래 서 있는 그들이 한없이 작게 느껴졌다. 사람의 손으로 이렇게 거대한 것을 만들 수 있다니!

가우디는 비로소 건축물의 위대함을 느끼게 되었다.

"건축물은 말없이 군림한다."

가우디가 화가의 꿈을 접고 건축가가 되기로 결심한 것은 그 순간이었다. 가우디는 성당 안에서 2차원의 종이가 아닌 3차원의 공간에 꿈을 펼치는 건축에 뜻을 두게 된다.

우리의 힘으로 포블레트를
옛 모습대로 돌려놓자!

"돌밖에 없네."

포블레트 유적지에 방문한 소년들의 입에서 절로 한숨이 나왔다. 포블레트는 카탈루냐의 역대 왕들의 묘와 궁이 있는 유적지이다. 한때 영화를 누렸던 포블레트는 약탈과 방화로 폐허가 되었고, 이제 이곳을 드나드는 사람은 무덤을 파헤쳐 보물을 찾는 도굴꾼이나 건축 자재로 쓸 만한 석재를 뜯어 가려고 나타나는 도둑들밖에 없었다.

가우디와 친구들은 안개가 서려 있는 돌무더기 사이를 걸어 다녔다. 먹이를 찾아 헤매는 새가 비석 사이로 도망쳤다. 폐허 속에서 사람의 모습은 보이지 않았다. 축축한 안개만 그들의 얼굴에 달라붙었다. 열정적인 성격의 토다가 돌무더기 위에 올라서서 외쳤다.

"카탈루냐여, 다시 한 번 과거의 영광을 돌아보라!"

돌무더기 속으로 토다의 목소리가 메아리쳐 울렸다.

"우린 카탈루냐의 유적지가 이렇게 버려져 있는 꼴을 두고 볼 수만은 없어."

소년들은 뜻을 모았다.

"우리가 포블레트를 예전 모습대로 돌려놓자. 시간이 얼마나 걸려도 상관없어. 포블레트 복원에 우리의 일생을 바치자."

먼저 소년들은 바르셀로나의 헌책방을 찾아갔다. 지하에 있는 창고로 내려가 복원을 하는 데 필요한 책들을 골라냈다. 토다는 회계와 자연에 대한 책을 뽑아냈고, 가우디가 고른 책은 주로 종교 서적들이었다. 수도원을 복원하기 위해서는 일단 종교에 대해 많은 것들을 알아야 한다는 생각 때문이었다.

짬만 나면 소년들은 학교 운동장에 앉아 구체적인 계획을 짰다.

"일단 돈이 있어야 돼."

밤새 회계학 책을 읽고 온 토다가 의견을 냈다.

"그래야만 복원도 가능해지고, 사람들도 모을 수 있어."

"수도원에서 야채를 기르는 것은 어때? 키운 야채를 내다 파는 여자도 고용하고."

"땅속에 눈을 파묻어 놓고 아이스크림도 만들어 파는 거야. 겨울에는 나무를 구워 숯을 팔고……."

"그 돈이 모이면 가축을 사는 거야."

그들의 머릿속으로 목장이 그려졌다. 소의 울음소리가 들려왔고 금화가 짤랑거렸다.

"수도원 입구에 선물 가게를 열자. 거기서 옛날 동전, 꿀과 비누, 싱싱한 약초와 건초……."

"박제한 새도 파는 거야."

"유원지를 만드는 건 어떨까?"

"멋지다. 포블레트는 사람들로 북적이겠지?"

"가족들이 머물 집도 필요해. 그럼 사람들은 안토니, 네가 만든 집에서 머무는 거야."

그들이 꿈꾸는 포블레트의 모습은 다음과 같았다. 자급자족이 가능한 수도원을 중심으로 마을이 세워진다. 그곳을 자연의 아름다움을 느낄 수 있는 곳으로 만든다. 그러면 사람들이 모여들 것이고, 포블레트는 폐허에서 카탈루냐의 문화유산이 살아 숨쉬는 낙원으로 다시 태어날 수 있다.

가우디는 돌무더기 위에 앉아 수도원의 옛 모습을 상상해 스케치했다. 그의 머릿속에서 돌들이 움직였고, 땅바닥에 떨어진 돌 하나하나가 수도원의 일부로 되살아났다. 복원된 수도원의 스케치가 완성되었고, 그것을 바탕으로 공사가 시작되었다.

벽을 쌓기 위해 소년들은 먼지와 흙을 털어 낸 돌들을 쌓아 올렸다. 돌은 무거웠다. 세 사람이 힘을 모아야 돌 하나를 겨우 움직일 수 있었고, 돌 서너 개를 나르면 옷은 금세 땀으로 젖어 버렸다. 게다가 힘들게 쌓은 돌들은 무너지기 일쑤였다. 무조건 쌓아 올린다고 될 일은 아니었다. 소년들은 지쳐 쓰러졌다.

'뭐가 잘못된 걸까?'

그림으로 수도원의 옛 모습을 그리는 것은 그리 어려운 일이 아니었지만, 그것을 실제로 만드는 일은 만만찮은 일이었다. 가우디의 고민은 시작되었고, 포블레트 수도원의 돌무더기

는 가우디의 첫 건축 설계 연구실이 되었다. 가우디는 그곳에 앉아 어떻게 탄탄한 건물을 만들 수 있을까 하고 궁리를 거듭했다.

'아치를 만들 때 돌과 돌은 어떻게 맞췄던 걸까?'

'어떤 돌을 주춧돌로 썼을까?'

가우디의 머릿속에는 수도원이 이미 복원되어 있었다. 그러나 그것을 현실화하는 것은 별개의 문제였다. 땅 위에 건물을 세우려면 좀 더 많은 것들을 알아야 했다. 열심히 돌만 나른다고 문제가 해결되는 것은 아니었다. 돌과 돌을 맞물리게 하고, 무너지지 않게 하기 위해서는 더 많은 공부를 해야 했다.

9월이 되자 친구들은 뿔뿔이 흩어졌다. 토다는 수도인 마드리드로, 리베라는 남쪽 안달루시아 지방으로 떠났다. 가우디만 포블레트의 폐허 속에 남아 있었다. 형 프란시스코의 학비 때문에 집안에서는 가우디까지 학교에 보낼 경제적인 여유가 없었다. 가우디는 돌무더기 속에 혼자 앉아 있었다. 가고 싶은 길이 있으나 어떻게 가야 할지 몰라 막막하기만 했다.

그러나 실망만 하고 있을 수는 없었다. 일단 길을 정한 만큼 돌아서라도 목표 지점에 도달해야 했다. 가우디는 아버지의 대장간으로 돌아갔다.

레우스에서 남겨진 1년 동안 가우디는 대장간에서 많은 것들을 배워 나갔다. 불을 다루는 방법, 구리를 제련하는 방법, 무쇠를 구부리는 방법 등 건축물에 필요한 수공품을 만드는 법을 익혔다. 나중에 건축가가 된 가우디가 철로 짠 파라솔이나 책상, 진열대 등을 만들 수 있었던 것도 이때 대장간에서 익힌 기술 덕이었다.

1868년 가을 가우디는 짐을 꾸려 바르셀로나로 떠났다. 아버지는 아들이 감행한 모험의 대가로 집안의 땅을 팔아야 했다. 레우스 기차역까지 아버지와 어머니, 누이 로사가 배웅을 했다. 어머니는 몸이 약한 아들이 바르셀로나에서 잘 지낼 수 있을지 내내 걱정하였다. 눈물을 흘리는 어머니 곁에서 아버지는 말없이 아들의 손을 잡아 주었다.

역장이 출발을 알리는 깃발을 흔들자, 기차가 움직이기 시작했다. 차창 뒤로 고향 레우스의 풍경들이 멀어져 갔다. 들판이 지나가고, 작은 집들이 등 뒤로 사라져 갔다. 기차의 속력이 빨라졌다.

기차의 종착역은 카탈루냐 제1의 도시 바르셀로나였다.

부자의 저택과 가난한 사람의 성당

바르셀로나는 그리스 신화 속의 영웅 헤라클레스가 세운 도시로 알려져 있다. 그 신화 속의 도시는 19세기 말 스페인 최대의 항구 도시로 발전하고 있었다. 곳곳에 공장이 세워졌고, 사람들이 몰려들어 와 도시의 인구는 몇 년 사이에 15만 명에서 60만 명으로 늘어났다.

기차가 바르셀로나에서 도착했다. 기차에서 내린 가우디는 발 디딜 틈 없는 대합실로 들어갔다. 일자리를 구하러 도시로 온 사람들과 구걸을 하는 상이군인들, 고함을 지르며 지팡이를 휘두르는 노인, 아이의 울음소리로 그 안은 아수라장이었다.

'도대체 정신을 차릴 수가 없구나.'

그것이 가우디가 본 바르셀로나의 첫인상이었다. 머뭇거리다가는 사람들의 발밑에 깔릴 것만 같았다. 가우디는 사람들 사이를 구불구불 빠져나갔다.

역을 빠져나오자 바르셀로나 시가지가 그의 앞에 있었다. 거리는 건물들로 빽빽하게 메워져 있었고, 사람들은 모두들 바삐 어디론지 가고 있었다. 길에는 전차 여러 대가 사람들 사이를 쉴 새 없이 지나다니고 있었다. 가우디의 코앞으로 아슬아슬하게 전차가 지나갔다. 전차 기사는 팔을 휘두르며 가우디에게 소리쳤다.

"이봐, 촌뜨기. 죽고 싶지 않으면 조심해!"

의과대학에 다니는 형이 살고 있는 곳은 '본' 지구였다. '세상을 떠돌다 본으로 돌아온다'는 카탈루냐 속담처럼, 그곳은 한때 도시의 심장부였지만 이제는 가난한 사람들과 이주민들이 사는 빈민가로 변해 있었다.

약도를 들여다보며 가우디는 형이 살고 있는 방을 찾아갔다. 몬카다 광장을 지나 죽은 쥐와 쓰레기가 널려 있는 골목을 빠져나가자, 정육점이 보였다. 정육점이 있는 건물 3층에 형의 방이 있다고 했다.

가우디는 파리가 붙어 있는 고깃덩어리들을 지나 낡은 계단을 올라갔다. 문이 열리자, 눈에 띄게 수척해진 형이 가우디를 맞았다. 형은 낯선 도시로 온 동생을 덥석 끌어안아 주었다. 가우디는 형을 보고 도시에서의 생활이 그리 쉽지 않다는 것을 깨달았다. 제대로 먹지 못했는지 형의 얼굴은 창백했고, 입고 있는 옷도 허름하기 짝이 없었다.

도시로 온 첫날 밤. 창밖으로 총성이 들렸다. 가우디는 놀라 침대에서 벌떡 일어났다. 건너편 침대에서 형은 아무 일도 없다는 듯 곤히 잠들어 있었다. 밤새 사람들의 비명 소리, 울음소리가 끊이지 않았다. 도무지 잠을 잘 수 없었다.

총소리를 들었다는 가우디의 말에 형은 그건 별로 놀랄 일이 아니라며 동생을 안심시켰다.

"이 동네에서 총소리는 고향의 새 소리처럼 흔한 거야."

가난한 동네에서는 싸움도 잦았다. 힘든 일과 가난에 찌든 사람들은 작은 일에도 쉽게 분노했고 주먹 싸움은 구경거리도 못 되었다. 그들이 사는 집도 초라하기 짝이 없었다. 형제가 머무는 셋방도 마찬가지였다. 벽에는 물이 새었고, 마룻바닥은 삐걱거렸으며, 천장에서는 쥐들이 뛰어다녔다. 잠든 가우디의 가슴 위로 쥐가 떨어진 적도 있었다. 그런 비위생적인 주거 환경 때문에 병에 걸린 사람들이 많았고, 목숨을 잃는 일조차 잦았다.

그나마 머물 곳이 있으면 다행이었다. 일자리를 찾는 사람들이 바르셀로나로 꾸역꾸역 몰려들었고 방은 늘 부족했기 때문이다. 주인들은 걸핏하면 방세를 올렸고, 형제들은 이삿짐을 풀기도 전에 이사 갈 집을 구해야 할 때도 있었다.

가우디와 프란시스코는 점점 높은 곳으로 올라가야 했다. 엘리베이터가 없던 시절이었으니 가난한 사람일수록 높은 층에서 살아야 했다. 형제가 마지막으로 이삿짐을 푼 곳은 6층 낡은 건물의 꼭대기였다. 여름이면 내리쬐는 햇빛에 방 안은 달아올랐고, 겨울에는 갈라진 벽과 낡은 창문 틈으로 바람이 들이쳤다.

형제는 그런 방에서라도 공부를 해야 했다. 여름이면 속옷만 입고 발을 대야 속에 담근 채 책을 펼쳤고, 겨울에는 가지고 있는 옷들을 꺼내 겹겹이 껴입고 책장을 넘겼다. 외출복은 한 벌밖에 없어서 둘이 같이 밖으로 나가는 일은 불가능했고, 어쩌다 새 신발을 사도 형이 먼저 신다 낡으면 가우디가 물려 신어야 했다.

차비가 없어서 가우디는 셋방에서 학교까지 걸어 다녔다. 6층 계단을 내려오면 악취를 풍기는 골목이 나타났다. 그늘이 드리워진 도시의 골목길은 낮이어도 밤처럼 어두침침했다. 골목 여기저기에서는 쓰레기들이 썩어 가고 있고, 칠이 벗겨진 담은 낙서들로 가득했다. 머리에 이가 득시글대는 불법체류자나 도둑들이 어슬렁거리기도 했다. 눈이라도 마주치면 뭘 봐! 하며 곧바로 시비를 걸었다. 가우디는 발끝만 보며 골목을 재빠르게 빠져나가야 했다.

골목길은 광장과 연결되어 있었다. 어두운 골목과는 달리 광장에는 햇빛이 가득했고 사람들로 붐비고 있었다. 어머니를 따라나선 아이들의 웃음소리도 있었고, 플라멩코를 추는 집시 여인의 치맛자락이 햇빛에 반짝였다. 햇빛과 사람으로 가득 찬 광장에 들어서면 가우디는 비로소 발걸음을 늦출 수 있었다.

그는 그동안 볼 수 없었던 진기한 건물들을 감상하며 거리를 천천히 걸었다. 바르셀로나는 카르타고와 로마 제국의 지배를 받았고, 중세 시대에는 이슬람 제국의 영토였던 역사가 오래된 도시였다. 다양한 문화의 영향을 받은 바르셀로나의 건축물은 다채로웠다. 이슬람과 로마 양식을 동시에 볼 수 있는 저택, 고딕 양식의 성당과 어깨를 나란히 한 화려한 이슬람 양식의 주택. 평범한 가게 건물은 12세기에 지어진 성당으로 통하는 입구를 숨기고 있었다. 바르셀로나의 거리야말로 건축가를 꿈꾸는 가우디에게는 더할 나위 없는 교실이었고, 그는 거리에서 스페인 건축물의 아름다움을 직접 경험할 수 있었다.

초저녁 하늘이 노을에 젖으면 가우디는 활엽수들을 따라 바다 쪽으로 걸어갔다. 부두 옆 광장을 지나면 바르셀로나 최고의 부자 시프레의 저택인 '포르소스 덴 시프레'가 모습을 드러냈다. 당시 스페인은 많은 식민지들을 거느리고 있었다. 그 식민지에 가서 돈을 벌어 돌아온 사람들은 고향에 자신들의 부를 과시하기 위한 화려한 건물들을 지었고, 포르소스 덴 시프레도 그런 건물 중 하나였다.

포르소스 덴 시프레의 화려한 모습은 가우디의 마음을 사로잡았는데, 가우디는 특히 건물 벽에 새겨진 조각에 관심을 가졌다. 저택의 벽에는 열대 과일을 짊어진 노예들과 천사, 나침반을 들고 있는 신들과 카탈루냐 장군들의 얼굴이 정교하게 새겨져 있었다.

그런 조각들은 단순히 장식품의 역할만 하는 것이 아니라 글자를 모르는 사람들에게 집주인의 부와 성공을 알리는 간판 구실도 했다. 벽에 새겨진 조각들은 시프레의 성공담을 다음과 같이 요약한 것이었다. '시프레는 아메리카 대륙으로 가서 노예들을 거느리고, 천사와 카탈루냐 장군들의 보호 아래 부자가 되었다.'

포르소스 덴 시프레는 저택이기보다는 궁궐 같았다.

'돈만 많다면 이렇게 화려한 건물도 지을 수 있구나.'

가우디는 감탄하며 석양에 반짝이는 건물을 올려다보았다.

돈이 아닌 다른 힘으로 지어진 건물도 있었다. 바다 가까이의 '산타 마리아 델 마르 성당'은 부자 개인이 아닌, 동네 사람들의 성금으로 지어진 건물이었다. 동네에 사는 양초 생산업자, 어부, 가죽 수공업자들은 자신들이 땀 흘려 번 돈을 성당에 기부했고, 돈이 없는 사람들은 몬주익 언덕의 채석장에서 바위라도 끌어 왔다. 산타 마리아 델 마르는 그렇게 사람들의 땀으로 지어진 성당이었다.

하늘을 향해 치솟아 있는 성당의 모습은 멀리서 보면 기도를 하기 위해 모은 사람의 손 같았다. 사람들은 기쁜 일이나 슬픈 일이 있으면 성당을 찾아가 초를 밝히고, 두 손을 모으고 기도를 했다.

자신들의 손으로 만든 '우리들의 성당' 속에서 사람들은 마음의 평안을 찾았던 것이다.

바닷가에는 두 개의 대조적인 건물이 있다. 돈으로 지은 화려한 저택과 땀으로 지은 소박한 성당. 그 둘 모두는 건축가가 되고 싶은 가우디에게 깊은 인상을 주었다. 어느 것이 낫다고 할 수 없었다. 사는 사람에 따라 건축물도 모습을 달리하는 것은 당연했다. 부자가 사는 화려한 저택과 신이 머무는 성당. 가우디는 언젠가는 이 둘 모두를 짓겠다고 다짐했다.

2장

괴짜, 천재, 청년 건축가

책벌레 건축학도

1873년 가우디는 예비 과정을 마치고, 마침내 건축학교 학생이 되었다. 그는 엉뚱하고 고집 센 학생이었다. 교수가 시키는 대로 무조건 따라 하지도 않고, 유행하는 건축 양식을 그대로 베끼려고 하지도 않는 그에게 같이 공부하는 학생들은 '독불장군'이라는 별명을 붙였다.

"책상에만 앉아 있으면 됩니까? 현장에 가야죠. 건축가가 있어야 할 곳은 현장입니다."

설계에만 매달리는 것보다 건축 현장에 직접 가 보는 것이 더 가치 있다는 가우디의 주장은 교수를 화나게 만들었다.

"안토니 가우디, 지금은 설계의 중요성에 대해 배우는 시간입니다."

"하지만 교수님, 현장에 가 보지도 않고 설계를 한다면 어떻게 제대로 된 집을 만들 수 있겠습니까? 집은 세워질 장소와 어울리는 것이 가장 중요하죠."

교내에서 공동묘지 입구를 설계하는 공모전이 열렸고, 가우디도 작품을 제출했다.

"이게 뭔가?"

가우디의 설계안을 펼쳐 본 교수는 어리둥절해했다. 건축 설계 도가 아니라 공동묘지 풍경을 그린 미술 작품 같았다. 건축물만 달랑 그려 놓은 다른 학생들의 설계도와는 달리 가우디의 설계도에 는 건물과 나무와 사람들까지 그려져 있었다.

"건물뿐만 아니라, 어두운 하늘 아래의 장례 행렬, 길을 따라 줄지어 심은 사이프러스, 가슴 아프게 우는 사람들까지 설계에 포함시켜야 합니다. 그래야 진정한 공동묘지가 완성되는 겁니다."

공동묘지의 입구는 작별의 장소이다. 가우디는 죽은 사람을 떠나보내는 장소이니만큼 그곳에는 이별을 앞둔 사람들의 슬픔이 드러나야 한다고 생각했던 것이다. 그러나 그런 미술 작품 같은 설계안이 공모전 심사위원들의 마음에 들 리 없었다.

가우디는 실망하는 대신 굶주린 사람처럼 책을 읽어 댔다. 바지 주머니에 늘 책 몇 장을 뜯어 넣고 다니며 틈만 나면 읽어 댔다. 밥을 먹을 때도 꾸깃꾸깃한 책장을 그릇 옆에 펼쳐 놓았고, 쉬는 시간에도 책장을 들여다보았다. 읽고 싶은 책은 너무나 많았지만 건축학 책은 비싸 마음대로 사 볼 수가 없었고, 어렵게 빌려서 읽는 수밖에 없었다. 그러다 가우디는 친구에게 빌린 건축학 사전에 실수를 한 적도 있었다.

"내 책 당장 물어내!"

가우디에게 빌려 준 책을 돌려받은 친구가 화를 버럭 냈다. 그럴 만도 했다. 친구의 새 책은 엉망이 되어 있었다. 가우디에게는 책을 읽다 마음에 드는 구절이 나오면 밑줄을 긋고 메모를 하는 버릇이 있었다. 빌린 책이라는 사실을 깜빡하고 가우디는 버릇대로 밑줄을 긋고, 떠오르는 생각들을 메모한 것이었다. 새 책을 빌려 주었는

데 헌책이 되어 돌아왔으니 친구가 화를 내는 것도 당연했다. 가우디는 미안하다고 말했지만, 책 한 권을 망치게 된 친구의 귀에 사과의 말이 들릴 리 없었다.

책벌레 가우디는 거의 매일 도서관에 갔다. 세계 각지의 건축물 자료가 있는 도서관은 가우디에게 보물창고와 같았다. 도서관에서 가우디는 인도의 목욕탕, 캄보디아의 사원, 중국과 일본의 건축물 등을 연구했다. 공부를 하면서 가우디는 차츰 거대하고 화려한 건물이 아니라 소박한 건축물들에 관심을 갖게 되었다. 이집트에 있는 점토로 만든 집과 모로코에 있는 흙으로 만든 집 등이 그의 눈길을 끌었다. 그 건물들은 모두 그 지역에서 가장 흔한 재료들로 만들어졌다는 특징을 가지고 있었다.

'흙이 많이 나는 곳에서는 흙으로 집을 짓고, 돌이 많이 나는 곳에서는 돌로 집을 지어야 한다.'

흙이 많이 나는 지역에서 흙집을 지으면 일단 재료를 구하기도 쉽고, 집을 수리할 때도 어려움을 겪지 않을 수 있다. 무엇보다 그렇게 집을 지으면 주변의 흙집들과도 잘 어울리고, 주위의 풍경과 조화를 이룰 수 있다고 생각했다.

'건물은 그 지역에서 쉽게 구할 수 있는 재료로 만들어져야 한다. 그래야 그 지역에 잘 어울리는 건축물이 될 수 있다.'

건축에 대한 지식은 점점 늘어 갔지만 무작정 좋아할 수만은 없었다. 다른 사람들의 생각, 이미 지어진 건물들만 가지고 가우디 자신의 독특한 건축물을 만들 수 없는 노릇이었다. 자신이 쌓아 올린 건축적 지식을 해석할 자신만의 안목을 기르는 것도 중요하다는 생각을 하게 된 가우디는 다른 대학으로 찾아가 철학과 미학 과목도 수강했다. 가우디는 앉아서 가르쳐 주는 것만 받아먹는 학생이 아니었다. 스스로 배울 것을 찾아다녔다.

가우디는 바르셀로나 센드라 거리 8번지에 있는 유명한 장인 푼티의 작업실을 매일 드나들었다. 가우디는 거기서 건축에 필요한 여러 장식품들을 만드는 방법을 배워 나갔다. 설계와 건축에 관련된 지식은 물론이고, 건물의 장식들을 직접 만들 줄 알아야만 한다는 생각에서였다.

하루는 짧았다. 공부하는 틈틈이 가우디는 건축학교 교수인 비야르와 장인 폰세레의 조수로 일했다. 얼마 되지 않는 아버지의 수입은 두 형제의 학비로도 부족했기 때문에 생활비 정도는 스스로 벌어야 했다. 몸은 힘들었지만 가우디는 아르바이트를 통해 건축가로서의 실제적인 업무를 배울 수 있었다. 그리고 배운 것을 곧바로 써먹을 수 있어서 가우디는 건축가가 갖춰야 할 것들을 쉽게 익힐 수 있었다.

집에 돌아오면 가우디는 곧바로 침대 위로 쓰러졌다. 온몸이 물에 젖은 솜처럼 묵직했다.

“쉬엄쉬엄 해라.”

형은 쉴 틈도 없이 바쁜 동생을 볼 때마다 충고했다. 하지만 가우디에게는 건축가의 꿈을 이룰 수 있는 순간이 다가오고 있었다. 좀 쉬었다 하라는 형의 말이 들릴 턱이 없었다. 형도 동생만큼 의사가 되기 위해 노력하고 있었다. 집안의 기대를 한 몸에 받고 있는 한 형제는 쉴 만한 여유를 가질 수가 없었다. 아버지와 어머니는 형제가 도시에서 성공하기를 바라며 기도하고 있을 것이었다. 프란시스코와 가우디가 머무는 방의 불은 새벽까지 꺼지지 않았다.

1876년 25세의 나이로 형 프란시스코가 숨을 거두었다. 갑작스러운 죽음이었다. 가우디는 형의 죽음을 쉽게 받아들일 수 없었다. 장례식 도중 어머니는 울며 정신을 놓아 버렸다. 고향 땅에 형을 묻고 가우디는 혼자 바르셀로나로 돌아왔다.

형과 같이 쓰던 방에 이제 가우디 혼자 남았다. 벽에는 형의 낡은 가운이 걸려 있었다. 이번에 아르바이트 급료를 받으면 형을 위해 근사한 왕진 가방을 사 주리라 생각하고 있던 참이었다.

“의사가 되면 넌 내 첫 환자가 될 거다.”

가우디는 책상 위에 쌓여 있는 형의 의학 서적들을 바라보았다. 의사가 되겠다는 꿈을 채 펼쳐 보지도 못하고 형은 이 낯선 도시에서 죽어 버린 것이었다.

‘이제 바르셀로나에 나 혼자 남았다.’

가우디는 유령처럼 학교와 작업장을 오갔다. 아무것도 보이지 않았고 어떤 말도 들리지 않았다. 수업을 받고, 과제를 내고, 푼터의 작업장 귀퉁이에 멍하니 앉아 있었다. 그렇게 두 달쯤 지났을 때 고향에서 전보가 왔다.

‘어머니가 돌아가셨다.’

거짓말 같았다. 거짓말이었으면 했다. 아버지는 어머니가 형의 죽음을 슬퍼하다 저세상으로 갔다고 했다. 아버지와 아들에게는 더 이상 울 힘도 남아 있지 않았다. 두 달 사이에 두 번의 장례식이 있었고, 죽은 두 사람 모두 가우디에게는 더 없이 소중한 사람들이었다. 어머니와 형의 무덤에 꽃을 바친 가우디는 바르셀로나 행 기차를 탔다. 모든 일이 꿈만 같았다. 다시 돌아가 대장간 문을 열면 어머니가 그를 맞아 줄 것 같았다. 그러나 가우디를 태운 기차는 고향 땅을 뒤로한 채 바르셀로나로 향하고 있었다.

그의 아버지는 무슨 일이 있더라도 학업을 끝마쳐야 한다고 말했다. 하지만 가우디는 어떤 일도 하고 싶지 않았다. 모든 일이 부질없어 보였다. 가만히 있으면 자꾸 형과 어머니의 얼굴이 떠올랐다.

‘이렇게 나 혼자 살아남아 건축가가 되는 것이 무슨 소용이 있지?’

그들을 따라 죽고 싶었지만, 죽을 수도 없었다. 어머니와 형은 가우디가 죽어 그들의 뒤를 따르는 것을 결코 원하지 않을 것이란 것을 그도 알고 있었다. 어머니는 어린 시절 아픈 그에게 어떻게든 살아남으라고 격려해 주곤 했다.

"일단 살아남아라. 그러면 답을 찾을 수 있을 거야."

그 말은 언제나 가우디의 마음속에 남아 있었다. 그래, 이번에도 어떻게든 살아남아야 해. 가우디는 일기장을 펼쳐 다음과 같은 결심을 또박또박 써 내려갔다.

"이겨 내기 위해서는 미친 듯이 일해야 한다."

가우디는 일에 파묻혔다. 몬세라트 성모 성전을 짓는 일을 하고, 여름 별장을 짓는 교수 일을 도왔다. 슬픔에 젖어 있을 시간이 없었다. 설계 공모전에 낼 전시관 설계를 시작하자 작업량은 더더욱 늘었다.

'비야르 2시간, 폰세레 3시간, 세라야치 1시간.'

일기장에 매일 한 일을 메모한 후 쓰러져 잠들었다. 그렇게 고된 하루를 보내야만 형과 어머니가 나오는 꿈을 꾸지 않을 수 있었다.

11월 말이 되자 한꺼번에 서너 개의 프로젝트를 떠맡게 되었다. 가우디는 하루 종일 일만 했다. 스페인 유적지의 사진들을 살펴보고, 산업 장비 회사 건물의 설계 일도 돕게 되었다. 원래 약했던 가우디의 몸도 버티는 데 한계가 있었다.

마침내 병이 난 가우디는 하루 종일 혼자 침대에 누워 있어야 했다.

'전혀 아무것도, 아무것도, 아무것도 하지 않고 하루를 보냈다.'

병문안을 오는 사람도 없었다. 창밖으로 아이들이 뛰어 노는 소리가 들려왔다. 해가 지자 저녁을 먹으라고 아이들을 부르는 어머니의 목소리가 들려왔다. 저녁 무렵 가족들은 집으로 모여들어 하루에 있었던 일들을 이야기하며 음식을 나누어 먹는다. 그 다정한 풍경을 떠올리자 가우디의 마음은 더욱 쓸쓸해졌다.

'집은 가족이 사는 작은 나라다. 집은 조국이다. 시골에 있건 도시에 있건 누군들 마음속에 이런 아름다운 곳을 떠올리지 않을 수 있으랴! 그러나 가족이 없는 집은 자기 집이라고 하지 않는다. 가족이 함께하는 집이야말로 이 세상에서 가장 이상적인 건축물이다.'

형이 없는 바르셀로나의 셋방과 어머니가 없는 고향의 집. 가족들이 사라진 집은 가우디에게 텅 빈 상자나 다름없었다. 이 세상 어디에도 그의 집은 없었다. 가우디는 눈을 감고 마음속에 집 한 채를 세웠다. 나무가 자라고 있는 뜰을 배경으로 한 대장간이었다. 아버지의 망치질 소리, 형과 누이의 웃음소리가 그 속에서 들려왔다. 문을 열고 가우디를 맞이하는 어머니의 모습도 보였다. 가우디는 힘껏 달려가 어머니의 품에 안겼다. 그러나 눈을 뜨면 집은 흔적도 없이 사라져 버렸다. 세상에서 가장 아름다운 가우디만의 집은 아직 세상에 없었다. 오직 그의 마음속에만 있는 집이었다.

‘천국에 있는 형과 어머니에게도 보여줄 수 있는 그런 집을 짓고
싶다.’

그것은 오직 건축가가 되어야 가능한 일이었다. 그러기 위해서
는 침대에서 일어나 다시 거리로 나가야 했다.

천재 혹은 미치광이

1878년 가우디는 건축학교의 졸업을 앞두고 있었다. 교수가 정한 과제물을 제출하고, 그것이 통과되어야만 건축가의 자격을 얻을 수 있다. 그러나 가우디의 졸업 과제물을 심사할 건축학교 학장 로젠은 가우디를 좋게 보지 않고 있었다.

"학생인 주제에 교수의 설계를 트집 잡아?"

언젠가 가우디가 낸 대학 강당의 설계안 때문이었다. 현재 있는 강당 설계의 문제점을 조목조목 지적하고, 개선 방법을 제시한 가우디의 설계안을 본 로젠은 기분이 나빴다. 그 강당을 설계한 사람이 바로 로젠이었던 것이다. 학생이 자기가 만든 강당이 문제가 있다는데 기분이 좋을 턱이 없었다.

졸업 과제의 주제는 '병원'이었다. 건축가 자격증을 따기 위해 학생들은 병원 설계도를 제출해야 했다. 가우디는 일단 세계 각국의 병원 건물들을 샅샅이 조사하기 시작했다. 다들 설계도는 안 그리고, 도서관만 들락거리는 가우디를 이상하게 바라보았다. 그러나 가우디는 기존의 병원 건물들에 대해 충분히 알아야만 창조가 가능하다고 생각했고, 그렇게 조사에 공을 들이다 보니 설계도를 그릴 시간은 턱없이 모자랐다.

과제 제출 하루 전날 가우디는 밤을 꼬박 새워서야 설계도를 완성할 수 있었고, 가까스로 시간에 맞춰 과제물을 제출할 수 있었다. 이제 심사만 통과하면 건축가가 된다. 가우디의 마음은 기대로 부풀어 올랐다.

과제 심사가 끝나자 심사위원장 로젠은 학생들을 집으로 초대했다. 건축가 자격을 얻게 된 학생들은 즐거운 마음으로 그 자리에 참석했다. 가우디도 그 자리에 있었다. 식사를 마친 로젠은 학생들의 합격을 축하하기 위해 술잔을 들었다.

"건축가로서의 첫발을 내딛게 된 자네들에게 신의 축복이 있기를!"

모두 즐거운 얼굴로 건배를 했다. 술잔을 든 로젠은 구석에 있는 가우디를 바라보았다.

"물론, 가우디만 빼고."

병원 설계안이 심사에서 탈락하자 가우디는 절망했다. 이제 영영 건축가가 될 수 없을지도 모른다는 생각을 했다. 그러나 언젠가 가우디가 낸 설계안을 눈여겨보았던 한 교수의 제안으로 학교 측은 가우디에게 다시 한 번 기회를 주기로 했다. 이번에는 병원 건물 대신 분수대의 설계안을 제출해야 했다. 실망하고 있을 수만은 없었다. 가우디는 밤을 새워 가며 새 설계안을 그렸다.

과연 가우디를 졸업시키느냐 마느냐를 두고 교수들 사이에 투표가 있었다. 반대표를 던진 사람도 있었지만, 가우디는 겨우 건축가 자격시험을 통과했다. 성적은 최하위였다.

졸업식 날, 학장인 로젠은 가우디에게 졸업장을 주며 비꼬듯 말했다.

"제군들, 내가 지금 건축가 칭호를 천재에게 주는 것인지, 아니면 미친놈에게 주는 것인지 모르겠다."

사람들은 키득거렸다. 졸업장을 받아 든 가우디도 한마디 했다.

"이제 제가 진짜 건축가라는 걸 보여 줄 때가 온 것 같습니다."

19세기 말 바르셀로나는 도시 전체가 공사 중이었다. 도시가 발전하자 건물에 대한 수요도 늘어났기 때문이었다. 낡은 건물들이 허물어지고, 거기에는 새 건물들이 들어섰다. 도시 외곽에는 새로운 주거 단지도 조성되고 있었다. 갓 건축가가 된 가우디에게는 더

없이 좋은 기회였다. 바르셀로나가 그의 앞에 있었다.

가우디는 어떤 일도 뿌리치지 않았고, 의뢰가 들어오는 모든 일들을 열심히 해 나갔다. 반드시 건축과 관련되는 일이 아니어도 개의치 않았다. 어떤 일이든 건축가로서의 경험을 쌓는 데 도움이 될 거라는 판단에서였다. 그런 가우디에게 어느 날 파리 만국박람회에 쓰일 진열대를 만들어 달라는 주문이 들어왔다. 가우디는 푼티의 작업장에 틀어박혀 진열대를 만들었다. 진열대를 만드는 것은 아버지의 대장간에서 배운 기술을 쓸 좋은 기회였다. 유리와 금속, 나무 등 갖가지 재료로 만들어진 가우디의 진열대는 만국박람회가 열리는 파리로 실려 갔다.

그러나 일을 한 만큼의 보수를 제대로 받지 못하는 일이 많았다. 철제 꽃 판매대를 만들었으나 부탁한 꽃집이 망해 버리거나, 시청의 주문으로 광장에 놓일 가로등을 만들었으나 시에서는 가우디가 청구한 비용이 너무 많다며 돈 치르는 것을 미루기도 했다. 어쩔 때는 겨우 돈을 받아 내어도 청구된 금액에는 턱없이 모자랐다.

계획된 일이 많았지만 시작도 하기 전에 끝난 적도 많았다. 건물은 건축가의 의지만으로 세워지지 않는다. 건축은 돈과 시간이 많이 들어가는 일이다. 우선 돈을 대고 일을 끝까지 추진하는 사람이 있어야 한다. 가우디는 점점 지쳐 갔다.

친구가 찾아와 몇 번이나 의견만 묻고 가자, 가우디는 그에게 버럭 화를 냈다.

"너도 알다시피 난 일로 먹고사는 사람이야. 지금 엉성한 말장난 같은 일에 신경을 쓸 여유가 없어. 말로만 지어지는 건물이 어디 있 나? 내가 확실하지도 않은 일에 매달려 정작 해야 할 일들을 미루 면 좋겠나?"

가우디의 머릿속에는 짓고 싶은 건물들이 수십 채 들어 있었다. 그러나 그것을 실제로 만들 기회는 찾아오지 않았다. 어쩌면 영영 오지 않을지도 몰랐다. 가우디는 차츰 초조해하기 시작했다.

'건축가 자격이 있으면 뭐 하나? 집 한 채 못 짓는 나를 누가 건 축가라고 하겠어!'

바르셀로나는 좀처럼 그에게 기회를 주지 않았다. 그러던 중 설 상가상으로 고향에서 누이 로사가 죽었다는 소식이 전해졌다. 형 프란시스코가 죽고 난 후 단 하나 남은 형제였던 누이는 자신과 이 름이 같은 딸 로사를 남기고 저세상으로 가 버렸다. 이제 다섯 형제 중 살아남은 사람은 가우디밖에 없었다.

음악가인 매형은 세 살 된 딸을 데리고 바르셀로나의 가우디를 찾아왔다. 알코올 중독자인 매형은 슬퍼하며 술만 마셔 댔다. 가우 디로서는 ㄱ를 달래 줄 방법이 없었다. 어머니를 잃은 세 살짜리 조 카딸은 매일 울어 댔고 그런 딸을 보며 괴로워하던 매형은 어느 날 로사를 두고 사라져 버렸다. 아버지까지 잃은 로사는 잠도 자지 않고 울어 댔다. 삼촌인 가우디는 그 슬픔을 달랠 줄 여유가 없었다. 그도 로사 곁에 주저앉아 울고 싶은 심정이었다. 그러나 가우디는 대장간 일을 그만두고 시름에 잠겨 있는 아버지와 어린 조카를 돌봐야 했다. 마냥 손놓고 앉아 있을 수만은 없었다.

가우디는 푼티의 작업장으로 돌아갔다. 대장간에서 태어나고 자란 가우디가 가장 마음 편히 있을 수 있는 곳은 장인들의 작업장이었다. 가우디는 푼티의 작업장에 머물며 일을 돕거나 건축에 쓰이는 장식들을 연구했다. 손으로 무언가 만들고 있으면 슬픔이나 근심은 저절로 사라졌다.

그러던 어느 날 푼티의 작업실로 멋진 양복을 입은 신사가 찾아와 작업실 안을 둘러보더니 가우디를 찾았다. 푼티는 촛대를 만들고 있던 가우디를 불렀다.

"이봐, 무슨 일인지 몰라도 구엘이 자넬 찾아왔는데."

구엘은 바르셀로나에서 모르는 사람이 없을 정도로 유명한 사업가였다. 구엘은 푼티의 소개가 끝나자 장갑을 벗고 가우디에게 악수를 청했다. 가우디가 머뭇거리자 구엘은 웃으며 말했다.

"파리에서 자네가 만든 진열장을 봤다네. 아주 멋졌어. 진열된 물건은 눈에 들어오지도 않더라니까."

파리로 만국박람회를 구경 갔던 구엘은 가우디가 만든 진열대를 보았던 것이다. 진열대는 그의 마음을 사로잡았고, 구엘은 바르셀로

나로 돌아오자마자 푼티의 공방에 있는 가우디를 찾아온 것이었다.

"내 이름을 걸고 장담하지. 자네에게는 재능이 있어."

가우디는 지저분한 손을 바지에 문질러 닦고 구엘의 손을 잡았고, 두 사람은 악수를 나누었다. 그것은 43년 동안 지속될 우정의 시작이었다.

구엘은 당장 가우디를 장인(丈人) 코미야스 후작에게 소개해 주었다. 후작은 사위의 소개로 찾아온 가우디에게 예배당에 놓을 가구의 디자인을 맡겼고, 가우디가 만든 세련된 기도용 긴 의자를 보고 수리 중인 저택의 광장 설계까지 맡기게 되었다.

왕의 방문을 앞두고 코미야스의 저택은 대대적으로 수리되고 있었고, 가우디가 맡은 원형 광장은 수리 중인 저택의 한가운데 있었다. 왕이 방문하기로 한 날은 점점 다가오는데 가우디는 원형 광장이 들어설 공터에 앉아 있기만 했다. 책상 앞에 앉아 설계도를 그리지도 않았고, 인부들에게 어떤 지시도 내리지 않았다. 인부들과 코미야스 가(家)의 집사는 그런 가우디를 보고 답답해했다.

"왕이 올 날이 코앞으로 다가왔는데 저렇게 앉아만 있으면 어쩌나."

그러나 아무 일을 하지 않는 것처럼 보이는 가우디의 머릿속 공터에서는 수많은 원형 광장들이 세워졌다 무너지고 있었다.

'이 저택에는 어떤 원형 광장이 어울릴까?'

　시간이 없다고 대강 지을 수 없는 노릇이었다. 이 저택에 어울리면서 왕이 보기에도 손색이 없는 그런 광장을 만들어야 했다. 가우디의 고민은 사람들이 모두 자러 들어간 밤까지 계속되었다.

　밤이 되자 달빛이 쏟아지는 공터는 신비롭게 바뀌었다. 가우디의 머릿속에 언젠가 읽었던 『아라비안나이트』의 삽화 하나가 떠올랐다. 달빛이 비치는 광장에 왕비가 서 있고 터번을 쓴 남자가 그녀를 지켜보는 그림이었다. 『아라비안나이트』에는 이슬람의 문화가 담겨 있고, 이슬람의 지배를 받았던 스페인에는 이슬람 문화의 전통이 살아남아 있다. 『아라비안나이트』의 삽화, 이슬람 문화를 조화시킨 이국적인 광장의 모습이 가우디의 머릿속에 그려졌다.

　다음 날부터 공사가 시작되었다. 원형 광장은 이슬람 사람들이 두르고 다니는 둥근 터번을 본뜬 모양이었다. 광장 가운데에 터키산 양탄자가 깔리고, 그 위에 유리 탁자가 놓이는 것으로 원형 광장은 완성되었다. 광장 곳곳에 박힌 모자이크 장식들은 달빛을 받으면 반짝거려 지상에 뿌려진 별의 조각들 같았다.

　그러나 알폰소 12세의 방문을 하루 앞둔 날 일이 터졌다. 일꾼 하나가 넘어지면서 광장의 유리 탁자가 박살이 난 것이다. 인부가 높이 다치지 않은 것을 확인하고 나자 가우디는 유리 탁자를 살펴보았다. 유리 탁자는 그야말로 산산조각이 나 있었다. 한 조각도 건질 수가 없었다.

‘왕은 내일 온다. 붙일 수도 없고, 다시 만들 시간은 더더욱 없다.’

가우디는 마차를 몰고 시내로 달려갔다. 대신 놓아둘 탁자라도 구해야 했다. 헐레벌떡 상점들을 돌아다니며 원형 광장에 어울리는 탁자를 찾으러 다녔다. 아무 탁자나 가져다 놓을 수 없으니 쉬운 일이 아니었다. 해 질 무렵이 되어서야 겨우 유리 탁자 하나를 발견할 수 있었다. 가우디는 그것을 마차에 싣고 말을 달려 원형 광장으로 향했다. 그렇다고 무조건 속도를 낼 수는 없었다.

‘천천히 가자. 이 탁자마저 깨지면 큰일이다.’

탁자가 없는 텅 빈 광장의 모습을 떠올리면 마음은 조급해졌고, 박살이 난 유리 탁자의 모습을 떠올리면 고삐를 늦출 수밖에 없었다. 유리 탁자를 싣고 가우디는 저택으로 향하는 길을 조심스럽게 그러나 최대한 빨리 달려갔다. 등줄기에 땀이 흘렀다. 저기 저택의 모습이 보였다. 문 앞에 그를 기다리는 인부들이 서 있었다. 마차를 보고 인부들은 빨리 오라고 고함을 치며 재촉했다. 사람들이 큰 소리를 내자 말이 동요했다. 마차가 덜컹거렸다. 마차 안에는 유리 탁자가 있었다. 가우디는 말의 정수리를 쓰다듬어 달래 주었다.

“이제 조금만 더 가면 된다. 우리가 운반하는 것이 유리 탁자라는 것을 잊지 말자.”

말을 달래 저택 입구에 무사히 도착했다. 인부들이 탁자를 옮겼다. 유리 탁자를 제자리에 놓고 주변을 정리하자 왕의 도착을 알리는 나팔 소리가 들려왔다. 잠시 후 코미야스 후작이 왕의 일행을 광장으로 이끌었다. 가우디는 기둥 뒤에 서서 그들을 지켜보았다. 왕은 원형 광장을 둘러보더니 이렇게 아름다운 곳에 초대해 주어 감사하다는 인사를 했다. 코미야스 후작은 고개를 조아렸다.

그 모습을 보며 가우디는 비로소 안도의 한숨을 내쉬었다. 이런 일이 생길 줄 그 누가 알았겠는가? 건물을 짓다 보면 예상하지 못한 여러 가지 일들이 생기게 마련이다. 거의 다 지은 집을 느닷없는 강풍에 날려 버리거나, 기껏 모은 자재를 모두 도둑맞은 건축가도 있었다. 그렇다고 해서 건물 짓는 일을 아예 포기할 수는 없다. 그런 문제들이 생기지 않게 미리 조심하는 것도 중요하지만, 문제가 생겼을 때 최대한 잘 대처하는 능력을 기르는 것도 중요하다. 당황하지 않고 낙담하지 않고 상황에 가장 적합한 판단을 내리는 것, 그것이 건축가로서의 중요한 자질 중에 하나다. 가우디는 원형 광장을 만들며 그런 시험을 무사히 통과했다.

왕의 방문이 성공적으로 끝나자 코미야스 후작은 가우디에게 칭찬을 아끼지 않았다. 사위인 구엘에게도 훌륭한 건축가를 소개해 주었다며 고마워했다. 자신의 눈이 정확하다는 것을 확인한 구엘의 기쁨노 그만큼 컸다. 그 뒤 코미야스 후작과 구엘은 가우디의 고객이 되었다.

천국은 가족이 함께하는 집 안에 있다

"난 이곳이 노동자들의 천국이 되길 바라네."

마타로 노동 단지 건설의 책임자인 파헤스는 가우디에게 신신당부를 했다. 파헤스는 가난한 노동자들을 위해 자신의 모든 것을 바쳐 온 사람이었다. 그는 그런 자신의 생각을 가우디에게 말하곤 했고, 가우디도 그런 그의 말을 귀담아 듣곤 했다. 왜냐하면 가우디의 아버지도 노동자였고, 가우디의 이웃 역시 노동자들이었기 때문이다. 그들이 사는 집은 낡고 허름했고, 위생적이지 못해 병에 걸리는 일도 잦았다. 건축가인 가우디가 노동자들이 살 집에 대해 궁리하게 된 것은 당연한 일이었다.

마타로 노동 단지는 스페인 최초로 노동자가 소유하는 공장이라는 큰 의미를 가지는 곳이다. 파헤스는 오래된 공장을 고치고 노동자들이 머물 저택을 디자인하는 일을 가우디에게 맡겼다. 가우디는 팔을 걷어붙이고 노동 단지에 놓일 휴지통 하나하나까지도 직접 디자인했다. 공장의 상징도 만들었다. 공장의 상징으로 정해진 꿀벌이 공장 이곳저곳에 그려졌다. 상징인 꿀벌을 보면 알 수 있듯이 가우디가 노동 단지를 만들 때 가장 중요하게 생각한 것은 '협동'이었다. 가우디는 자신이 건설하는 노동 단지에 노동자들이 조화롭게 일하기 위해서는 서로 돕고 아껴 주어야 한다는 협동의 철학이 녹아들어 가기를 바랐다. 가우디의 이런 생각은 특히 마타로 노동 단지의 공장 창고에 잘 드러나 있다.

천장으로 솟은 12개의 기둥은 아치형 구조물로 창고 지붕을 떠받치고 있다. 기둥들의 간격은 일정하다. 지붕의 무게는 기둥들에게 똑같이 나뉘어진다. 무거운 지붕을 골고루 나누어 든 기둥들 때문에 생긴 널찍한 공간이 천장 아래 펼쳐진다. 그럼으로써 창고는 칙칙하고 좁은 공간이 아니라, 사람들이 자유롭게 오갈 수 있는 널찍한 장소가 되었다. 가우디는 협동이란 바로 그런 것이라고 생각했다. 기둥들이 무거운 지붕을 나누어 짊어지듯이 사람들도 힘을 합치면 어떤 힘든 일도 가뿐히 해낼 수 있다.

워낙 말수가 적었던 가우디에게 건축물은 언어와도 같았다. 그는 자신이 말하고자 하는 바를 건축물을 통해서만 드러냈다.

"이 세상 사람은 크게 둘로 나뉜다. 하나는 말만 하는 인간, 나머지 하나는 행동하는 인간이다. 나는 후자에 속한다."

가우디는 말만 번드르르하게 하고, 실천하지 않는 인간을 싫어했다. 입으로만 지을 수 있는 건물은 이 세상에 없으며, 행동만이 건물을 올릴 수 있다고 생각했다. 그래서 가우디는 명성에 걸맞지 않게 자신의 건축 철학이 담긴 변변한 책 한 권 남기지 않았다. 책을 쓸 시간에 책에 쓰일 생각이 담긴 집을 한 채 짓는 것이 더 낫다고 생각했던 것이다. 가우디는 오직 건축물로만 말했고, 그것으로 충분하다고 생각했다.

그는 사랑한다는 말은 못 해도 사랑이 담긴 집은 만들 수 있는 남자였다. 페페타에게 그런 집을 지어 보여 주었다면 그가 첫사랑에 실패하는 일도 없었을지 모른다.

마타로 단지를 드나들던 가우디는 한 여자를 알게 되었다. 이름은 오거스티나 모레우, 페페타라고도 불리던 그녀는 마타로 단지에 있는 학교 선생님이었다.

"건축가 선생님, 어디 가세요?"

아이들에 둘러싸인 그녀가 인사를 하면 가우디의 얼굴은 달아올랐다. 그 시절 스페인에서 남녀 간의 연애는 흔한 일이 아니었다. 내성적인 가우디에게는 더더욱 곤혹스런 일이었다. 가우디는 페페타를 좋아했지만 먼저 말을 걸거나 데이트를 신청할 용기가 없었다.

페페타의 목소리가 밤새 귓전을 맴돌았다. 바르셀로나에서 외롭게 지내는 가우디에게 페페타의 목소리는 큰 힘이 되었다.

'그 목소리를 매일 들을 수 있다면 얼마나 좋을까?'

마타로 노동 단지가 완성되었다. 노동 단지의 완공은 기뻤지만 페페타를 볼 수 없다는 것이 가우디의 마음 한구석을 쓸쓸하게 만들었다. 일이 끝났으니 노동 단지 안의 학교 앞을 지날 일도 없어진 것이다. 일도 없는데, 핑계까지 대며 페페타를 보러 갈 용기조차 가우디에게는 없었다.

'다시는 그 목소리를 들을 수 없구나……'

가우디는 쓸쓸한 마음을 달래려 집 근처 광장으로 산책을 나갔다. 광장에서는 모두들 누군가와 함께 있었고 함께 있어서 더욱 행복해 보였다. 그들 사이에서 가우디는 더욱 외로웠다.

"건축가 선생님! 안녕하세요?"

그때 어디선가 페페타의 목소리가 들려왔다. 가우디는 사방을 두리번거렸다.

'환청까지 들리는구나.'

하지만 저쪽에서 한 손에 과일 바구니를 든 페페타가 손을 흔들고 있었다. 페페타! 오래간만에 만났지만 페페타의 명랑한 목소리에는 변함이 없었다. 하고 싶은 말은 많았지만 가우디는 머뭇머뭇 과일 바구니를 들고 페페타의 뒤를 따라가기만 했다.

페페타의 집은 가우디의 집과 그리 멀지 않은 곳에 있었다. 이렇게 가까이 살고 있었다니……. 가우디는 그 뒤로 종종 페페타의 집을 방문했다. 언니와 함께 살고 있는 페페타는 가우디가 오면 반겨 맞아 주었고, 세 사람은 곧 친구가 되었다.

알고 보니 페페타는 이미 결혼했으며 지금은 이혼한 상태였다. 이혼을 엄격하게 금지하는 가톨릭 국가인 스페인에서 흔한 경우는 아니었다. 그러나 페페타는 자신이 이혼녀라는 사실을 부끄러워하지 않았다. 그녀는 언제나 당당했고 밝았다. 가우디는 그런 그녀가 좋았다.

'내가 만든 집에서 페페타와 함께 살 수 있다면 얼마나 좋을까?'

가우디는 페페타에게 몬주익 언덕으로 산책을 가자고 했다. 오늘은 꼭 고백하리라. 가우디는 속으로 몇 번씩 다짐했다.

"당신을 좋아합니다."

가우디의 고백을 들은 페페타는 한참을 망설이다 대답했다.

"미안해요. 이미 결혼을 약속한 사람이 있어요."

페페타는 촉망 받는 목재상과 결혼을 앞두고 있다고 했다. 가우디는 언덕을 내려가는 페페타의 뒷모습을 바라보았다. 잠시 후 그녀의 그림자까지 사라져 버렸다.

이후 가우디는 한 젊은 미국 여자와 사랑에 빠지게 되지만, 그녀 역시 가우디를 남겨 두고 미국으로 돌아가 버렸다. 두 번의 실연이 준 상처는 컸고, 가우디는 평생을 독신으로 지냈다. 그는 종종 신과 결혼한 신부나 수녀처럼 건축물과 결혼했다고 말하곤 했다. 가우디는 일생 동안 아내와 아이들이 아니라 자기가 만든 건축물들을 가족처럼 여기며 살았다.

사랑에 실패한 가우디는 바르셀로나를 떠나 여행을 다녔다. 카탈루냐 유람협회에 가입하여 회원들과 이곳저곳을 돌아다니며 자연 속에서 상처를 달래려 했다. 협회원들은 카탈루냐 지방을 벗어나 스페인의 툴루즈 지방까지도 갔다. 그러나 가우디는 그곳에 있는 성당을 보고 실망했다. 그에게 카탈루냐의 성당보다 잘 지어진 건물은 없었다.

"여행은 관두고, 작업장으로 돌아가련다."

가우디는 어리둥절해하는 친구들에게 다시는 외국 여행을 하지 않겠다고 선언했다. 돈이 떨어졌나, 아니면 바르셀로나에 애인이라도 숨겨 두었나? 하고 친구들이 놀리자 가우디는 화를 내며 말했다.

"왜 내가 여행을 해야 하는데? 여행을 해야 할 사람들은 오히려 외국인들이야. 그들이 우리 땅을 보러 와야지."

가우디에게는 같은 스페인 지방이라도 카탈루냐가 아니면 다 외국이었다. 이것은 당시에 일어나고 있던 '카탈루냐 중심주의'와 생각을 같이한 것이었다. 가우디의 고향인 카탈루냐 지방은 오랜 시간 수도인 마드리드를 중심으로 한 지배 계층에게 억눌려 있었다. 오랫동안 당하고만 살았던 카탈루냐 사람들은 바르셀로나의 발전에 힘을 얻어 자치권을 얻기 위한 투쟁을 시작하고 있었다.

"우리 카탈루냐는 우리 카탈루냐 사람들의 손으로 다스리게 해다오."

고향인 카탈루냐에 대한 애정이 지극했던 가우디도 이런 움직임에 빠질 수 없었다. 그러나 가우디는 무기를 들거나 연설을 하지는 않았다. 그는 건축가였다. 그의 무기는 카탈루냐의 정신이 담긴 건축물이었다. 가우디는 카탈루냐만의 특징이 드러난 건축물들을 지어 고향의 정신을 되살리려고 했다. 그것이 바로 오직 건축물로만 말한다는 가우디 식 싸움 방법이었다.

자연을 닮은 집들

19세기 후반 바르셀로나는 변화의 물결 속에 있었다. 급격한 산업화는 가족과 신앙을 중심으로 한 사회를 무너뜨렸다. 변화의 속도는 빨랐고, 그것을 따라잡지 못하는 사람들은 점점 살기 힘들어졌다. 신을 찾을 틈이 없었고, 일에 치이다 보니 가족을 돌볼 여유도 없었다. 신과 사람 사이, 사람과 사람 사이의 골은 점점 깊어져갔다.

"우리에게 성당이 있다면……."

그런 현실을 안타깝게 여긴 서적상 보카베아는 성당이 해결책이 될 수 있을 것이라고 생각했다. 바르셀로나에 제대로 된 성당이 있다면 사람들은 신을 중심으로 뭉칠 수 있을 것이다. 그는 가족들이 함께 올 수 있는 커다란 성당을 짓겠노라 결심했다. 가족들이 오는 성당이니 만큼 성당의 주제도 가족이 되어야 했다.

'예수, 마리아, 요셉, 이 세 사람의 성스러운 가족이 중심이 된 성당을 만들자. 그리고 성당의 이름은 라 사그라다 파밀리아(성가족 대성당)라고 하자.'

보카베아는 기부금을 모으고, 성당 건축 위원회를 조직했다. 가우디의 스승인 비야르는 돈을 받지 않고 설계를 맡았다. 1882년 50명의 일꾼들이 8대의 수레에 담긴 자재를 옮기는 것으로 성당 건축은 시작되었다.

그러나 대들보 자재를 무엇으로 할 것인가를 두고 비야르와 성당 건축 위원회의 싸움이 시작되었다.

"좀 더 싼 것으로."

"아니, 좀 더 좋은 것으로."

지친 비야르는 일을 그만두고 후임으로 31세의 젊은 건축가 가우디를 추천했다. 위원회 측은 젊은 건축가인 만큼 임금도 싸고 일도 빨리할 거란 생각으로 가우디를 받아들였다. 그러나 위원회 측의 예상은 잘못된 것이었다. 성당의 공식 건축가가 된 가우디는 우선 스승 비야르의 설계도를 치워 버리고, 설계를 처음부터 다시 시작했다. 그는 대강, 빨리 짓겠다는 생각을 전혀 하지 않았다.

이때부터 43년간 그가 눈을 감을 때까지 가우디는 성가족 대성당을 짓게 된다. 그는 일생을 그 성당에 바쳤다. 평생 결혼을 하지 않은 가우디에게 성가족 대성당은 가족이나 다름없었다. '죽음이 그들을 갈라놓을 때까지' 가우디는 대성당과 함께했다.

성가족 대성당에 대한 가우디의 의욕은 대단했지만, 공사는 중단되는 때가 많았다. 공사비가 부족했고, 모금도 수월하지 않았기 때문이었다. 성가족 대성당은 언제 완공될지 장담할 수 없는 상태였다.

성당 건축은 더디었지만, 가우디에게 다른 일들이 찾아왔다. 1883년 타일 공장 사장인 비센스가 가우디에게 집을 만들어 달라고 의뢰했다. 집 주인이 될 사람의 직업을 알게 된 가우디는 즐거이 주문을 받아들였다.

"타일 공장 사장의 집이라……. 타일은 실컷 쓸 수 있겠군."

표면이 반짝거리고 색깔도 다양한 타일은 가우디가 원하는 집들을 짓는 데 알맞은 재료였다. 그러나 타일은 값비싼 재료라, 공사비에 맞춰 조금만 쓸 수 있었다. 그 비싼 타일을 마음껏 쓸 수 있다니……. 설계도 시작하기 전에 타일로 덮인 저택 한 채가 가우디의 머릿속에 들어앉았다.

가우디는 먼저 저택이 세워질 부지를 찾아갔다. '현장을 충분히 둘러보고 설계를 시작한다.' 그것이 가우디의 원칙이었다. 책상 앞에 앉아서 설계도만 그려서는 제대로 된 집을 지을 수 없다. 건축물은 주위 환경과 잘 어울리는 것이 중요하므로 현장을 두 발로 디뎌 보고, 두 눈으로 보아야 한다. 그것이 가우디의 생각이었다.

오랫동안 사람의 발길이 닿지 않았던 부지에는 노란 들꽃들이 잔뜩 피어 있었다. 땅 위에 양탄자처럼 깔린 들꽃밭 한구석에는 야 자수도 있었다. 키가 크고 잎이 무성한 야자수 밑에 나무만큼 커다 란 그늘이 드리워져 있었다. 가우디는 그 그늘 밑으로 들어가 나무 를 올려다보았다. 하늘로 뻗은 가지와 햇빛을 빨아들이는 나뭇잎 은 겹겹이 푸르렀다. 나무야말로 신이 만든 아름다운 건축물이다. 그러나 공사가 시작되면 이 나무는 뿌리째 뽑힐 것이다. 그러면 나 무에 둥지를 튼 새들도 집을 잃게 될 것이다.

'과연 이 나무만큼 아름다운 건물을 지을 수 있을까?'

바람이 불자 나무 밑 그늘이 흔들렸다. 이마에 그늘을 드리운 채 가우디는 오랫동안 나무 밑에 서 있었다.

자기 이름을 걸고 자기 뜻대로 만드는 첫 건물인 만큼 설계도만 완성하고 공사는 인부들에게 맡기는 방식으로는 만족할 수가 없었 다. 가우디는 매일 공사 현장으로 출근을 했다. 아침에 일어나면 마 차를 잡아타고 공사 현장으로 달려갔다. 설계도를 무릎에 올려놓 고 가우디는 마차가 멈추기만을 초조하게 기다렸다. 손에 낀 장갑 을 채 벗지도 못하고 있다가 마차가 현장에 도착하면 겨드랑이에 설계도를 끼고 재빨리 현장으로 달려갔다.

그는 모든 것들을 일일이 점검했다. 마음에 들지 않으면 다 쌓아 올린 벽이나 완성된 방도 허물어 버렸다. 인부들과 기술자들은 가우디가 건축물을 장난감처럼 다룬다고 불평했다.

"집이 무슨 모래성인 줄 아나? 아니다 싶으면 쓱 무너뜨려 버리게."

대충대충은 통하지 않았다. 공터에 자리 잡고 있다 뽑혀 버린 나무보다 못한 건물을 지을 수는 없었다. 가우디는 걸작이 아니면 괴물을 만들어 내겠다는 정열로 건축에 임했다. 기둥 하나부터 벽지의 무늬, 벽난로의 모양까지 꼼꼼하게 점검했다.

기술자를 한 명씩 불러 설계도를 보여 주며 조목조목 설명하기도 했다. 벽돌공이라고 벽돌만 쌓아서는 안 되고, 목수라고 문만 만들어서는 안 된다. 집 전체가 어떻게 만들어질지 알아야 한다. 그래야만 전체에 어울리는 부분을 만들 수 있다. 이것은 가우디가 건물을 올리는 방식이었다.

야자수가 사라진 공터에 타일로 만들어진 저택 '카사 비센스'가 들어섰다. 저택은 물에서 갓 잡아 올린 물고기 같다. 물고기 비늘처럼 자잘한 타일이 다닥다닥 덮여 있는 벽은 햇빛을 받으면 반짝거린다. 붙여진 타일에는 노란 아프리카금잔화도 그려져 있다. 공사를 위해 뽑혀 나간 노란 꽃들이 그 타일 속으로 옮겨진 것이리라.

야자수가 있던 자리에는 쇠로 짠 거미줄이 그늘을 드리우고 있다. 가우디는 아버지의 대장간에서 배웠던 기술로 바람과 비에도 끄덕 없는 쇠로 촘촘하게 짠 파라솔을 만들어 놓았다. 비가 내리면 촘촘한 거미줄 같은 파라솔에는 둥글고 얇은 막이 생겨나고, 해가 뜨면 파라솔은 무지갯빛으로 반짝인다.

금잔화 타일과 거미줄 파라솔은 공터의 모습을 되살리고 있다. 가우디는 신이 만든 자연과 인간의 손으로 만들어진 건축물의 조화를 이루는 것을 꿈꿔 왔다. 카사 비센스에는 건축물이 좀 더 자연을 닮길 바라는 그의 마음이 들어 있다.

발코니에는 큰 해바라기들이 한 줄로 심겨져 있다. 해바라기 사이로 창밖의 풍경이 내다보인다. 식당에는 들판이 옮겨져 있다. 벽지 위로 담쟁이덩굴이, 천장으로 붉은 앵두와 푸른 잎이, 벽에는 덩굴손과 낙엽 위로 날아오르는 새들이, 기둥에는 나뭇가지와 카네이션이 새겨져 있다. 타일로 만든 난로 옆 벽에는 작은 새와 다리가 긴 홍학이 서 있다. 자연물을 주제로 한 장식들로 인해 카사 비센스는 푸르른 공간으로 살아난 것이다.

가우디는 장식이 없는 밋밋한 집들을 좋아하지 않았다.

"장식이 없는 건축물은 뼈만 있고 살갖이 없는 사람이나 다름없어."

가우디에게는 수도꼭지나 대문처럼 장식도 주택의 필수 요소였다. 적절한 장식들은 그곳에 사는 사람들의 감성을 자극할 수 있다는 것이 가우디의 신념이었다. 집은 단순히 사는 곳일 뿐만 아니라, 아름다움을 느낄 수 있는 곳이어야 했다.

저택의 벽에는 방향과 용도에 따라 시적인 문구도 새겨 넣었다. 난로가 있는 서쪽 벽에는 '난로의 불꽃이여 사랑의 불꽃을 태워주오', 서늘한 북쪽 벽에는 '아! 한여름의 그늘이여', 해가 들지 않는 동쪽 벽에는 '태양, 사랑스런 태양이여. 나를 보러 오세요. 나는 추워요'라는 문구가 각각 새겨져 있다. 가우디가 직접 만든 이런 시적인 문구들은 저택을 낭만적인 공간으로 바꾸어 놓았다.

카사 비센스는 가우디가 모든 일을 맡아 완성한 그의 첫 작품이었다. 젊은 건축가가 자신이 가진 재능을 몽땅 털어 넣어 완성시킨 이국적이고 독특한 저택은 사람들에게 깊은 인상을 주었고, 가우디에게 설계를 의뢰하는 사람들이 늘어나기 시작했다.

가우디가 카사 비센스 다음에 맡은 일은 부유한 독신자를 위한 저택이었다. 저택의 이름은 '엘 카프리초'. 스페인 말로 '변덕쟁이'를 뜻하는 이 저택이 세워질 부지는 산의 경사면에 위치해 있었다. 가우디는 처음 그곳을 둘러보고 저택을 짓기에는 마땅한 곳이 아니라는 것을 알았다. 산을 깎아 내지 않고서는 저택을 똑바로 세우는 것조차 힘들어 보였고, 산 때문에 건물에는 햇빛도 잘 들지 않을 것 같았다. 이런 문제점을 어떻게 해결해야 할까? 현장을 둘러보고 돌아온 가우디는 고민하기 시작했다.

'경사면 위에 네모반듯한 집을 짓는 것은 불가능해. 다른 집들처럼 남쪽에 정문을 만들면 산에 가려 햇빛도 안 들고, 전망도 형편없

어질 게 뻔한데…….'

가우디는 설계도를 그리는 대신 저택의 모형부터 만들었다. 모형을 들여다보며 그는 어떻게 하면 산을 깎지 않고 집을 지을 수 있을까를 궁리했다. 궁리 끝에 가우디는 보통과는 다른 방법으로 집을 지어야겠다고 결정했다.

'산을 깎지 않고, 산에 맞추어 집을 짓자.'

그렇게 해서 산에 기댄 역삼각형 모양의 집이 완성되었다. 보통의 집들이 사각형이거나 위로 올라갈수록 뾰족해지는 삼각형 모양인 데 비해, 산에 바짝 기댄 엘 카프리초는 층이 높아질수록 바닥이 점점 넓어지는 역삼각형 모양을 하고 있다.

엘 카프리초의 정면은 북쪽을 향하고 있다. 대부분의 집들은 햇빛을 잘 받을 수 있게 남쪽을 향해 지어지지만, 엘 카프리초의 경우 그렇게 지어지면 산에 가로막혀 풍경을 볼 수 없게 된다. 햇빛도 중요하지만 전망도 놓칠 수 없다는 판단에서 가우디는 북향집을 선택했다. 대신 거실에 햇빛을 받을 수 있는 커다란 창을 내고 그것으로 부족할까 봐 커다란 창문 위에 세 개의 작은 창문을 더 내었다. 그 창문들 덕에 거실에는 햇빛이 넉넉하게 들어왔다.

울퉁불퉁한 돌 벽과 초록색 타일에 덮인 엘 카프리초는 산에 기대 쉬고 있는 공룡처럼 보였다. 집과 산은 원래부터 붙어 있었던 것처럼 잘 어울렸다. 처음에는 안 될 것 같던 공사도 생각을 바꾸니

수월해졌다. 집에 맞춰 산을 깎아 내는 것이 아니라, 산에 맞춰 집을 짓는다는 발상 덕에 엘 카프리초는 산의 일부처럼 보이는 자연 속의 저택이 되었다.

가우디에게 자연은 장애물이 아니었다. 자연이 먼저고, 그 다음이 집이었다. 집을 짓겠다고 산을 허무는 것은 안될 일이었다. 건축물은 자연의 일부일 뿐이었고, 무엇보다 자연과 잘 어울리는 것이 중요했다. 카사 비센스와 엘 카프리초, 이 두 채의 저택은 '건축물은 자연에 덧붙여진 것이다'는 가우디의 철학이 잘 드러난 작품들이다.

돈만으로는 지을 수 없는 집

건축가들은 다른 예술가들과 달리 의뢰인이 없으면 작품을 만들 수 없다. 건축물은 만드는 데 많은 돈이 필요하기 때문이다. 물감과 종이, 종이와 펜만 있으면 되는 화가들이나 작가들과는 상황이 많이 다르다.

그런 면에서 가우디는 행운아였다. 그에게는 평생 동안 그의 예술 세계를 이해하고 후원해 준 '구엘'이 있었기 때문이다.

사업가 구엘은 팔방미인이었다. 카탈루냐의 역사와 문화에 대해 모르는 것이 없었고, 미생물학회지에 〈백혈구의 면역성〉이란 소논문을 실었을 정도로 과학 분야에도 조예가 깊었다. 또한 예술적인 재능이 풍부해 그림도 곧잘 그렸다. 자신도 예술가였던 구엘은 오페라, 연극, 시 등 분야를 가리지 않고 카탈루냐의 재능 있는 예술 가들에게 도움을 주었고, 가우디도 그렇게 구엘이 발굴하고 키워 준 젊은 예술가 중 하나였다.

구엘은 푼티의 작업장에서 처음 만난 가우디를 죽을 때까지 적극 후원해 주었다. 사람들은 가우디가 만든 건축물들이 기괴하다고 쑥덕거렸지만, 구엘은 다른 사람들의 말에 개의치 않았다. 구엘은 가우디의 재능을 믿어 주었고, 가우디도 여섯 살 많은 구엘을 형처럼 믿고 의지했다.

가우디는 진정한 귀족이란 바로 구엘 같은 사람이라고 생각했다.

"진정한 귀족은 구엘처럼 감각이 뛰어나고, 예의가 바른 사람이야. 그는 누구를 부러워하지도 않고, 누구의 방해도 받지 않지. 주위 사람들이 무얼 하든 그저 지그시 지켜봐 줘. 구엘은 바로 그런 사람이야."

사실 구엘은 이름난 귀족 가문 출신은 아니었다. 그의 아버지는 시골 마을의 지주였다. 그러나 구엘은 그 사실을 별로 부끄러워하지 않았으며 오히려 자신의 힘만으로 성공했다는 데 자부심을 가지고 있었다. 그는 가우디가 구엘 가문의 문장을 디자인할 때 이 문구를 꼭 넣어 달라고 부탁했다.

"어제는 목동, 오늘은 신사."

1883년 구엘 가문의 건축가로 임명된 가우디는 1918년 구엘이 죽을 때까지 35년간 구엘 가문에서 만드는 건축물들을 도맡았다. 빨래대, 창고, 장식용 분수대같이 작은 것들부터 저택, 개인 성당, 정원을 완비한 공원 등 대규모 작업까지 구엘 가문의 모든 건축물들에는 가우디의 손을 거치지 않은 것이 없었다.

가우디가 구엘을 위해 맨 처음 지은 번듯한 건물은 바르셀로나 외곽에 있는 '구엘 별장'이다. 1883년 아름다운 정원에 둘러싸인 농장을 구입한 구엘은 그곳을 별장으로 개조하는 일을 가우디에게 맡겼다. 현장을 방문하고 돌아온 가우디는 어떻게 하면 구엘의 마음에 쏙 드는 별장을 만들 수 있을까 고민했다.

구엘은 영웅담을 좋아하는 사람이었다. 그는 행운이나 누군가의 도움 없이 자기 힘만으로 정정당당하게 성공한 영웅들과 자신이 닮았다고 생각했다. 틀린 말은 아니었다. 성공 여부가 확실하지 않은 사업들에 도전하여 부자가 된 구엘은 산업사회의 영웅이라고 할 만했다.

영웅이 나오는 신화를 주제로 별장을 만들어 보는 건 어떨까? 가우디의 머릿속에 다음과 같은 헤라클레스 신화가 떠올랐다.

그리스 신화 속에서 스페인은 '세계의 끝(헤스페리아)'이라고 불렸다. 이 석양의 땅에는 아이구레(빛나는 여자), 아레투사(붉은 얼굴의 여자), 헤스페레투사(서쪽에 사는 여자)라고 불리는 세 명의 여신이

살고 있었다. 이 여신들의 정원에
는 대지의 여신 가이아가 헤라와
제우스의 결혼 선물로 준 황금 오
렌지나무가 있었고, 여신들은 머
리가 100개인 잠들지 않는 용과
함께 누구도 손대지 못하게 그 나
무를 지키고 있었다.

그 황금 오렌지를 따온 사람과
결혼하겠다는 여왕의 말을 들은
영웅 헤라클레스는 여신들의 정
원으로 갔으나 감시가 삼엄해 오
렌지를 훔치는 것이 만만치 않았
다. 헤라클레스는 여신들의 아버
지인 아틀라스의 힘을 빌리기로
했다. 하늘을 떠받치고 있는 신
아틀라스를 찾아간 헤라클레스
는 대신 하늘을 짊어지고 있을 테
니 황금 오렌지를 가져다 달라고
부탁했다. 하늘을 떠메는 고통을
겪고 나서 헤라클레스는 황금 오

렌지 열매를 얻게 되었다. 나무를 지키지 못한 여신들은 각각 포플러나무, 빨간 느릅나무, 버드나무로 변해 버렸고, 여왕에게 황금 오렌지를 건네준 영웅 헤라클레스는 나중에 신이 되는 상을 받아 수레를 타고 올림포스 산으로 올라가게 되었다.

가우디는 구엘의 별장에 카탈루냐의 영웅 헤라클레스가 등장하는 신화 속의 세계를 옮겨 놓았다. 구엘 별장의 강철 대문에는 헤라클레스에게 잡힌 무시무시한 용이 달려 있다. 입을 쩍 벌린 신화 속의 용은 황금 오렌지나무 대신, 구엘 별장을 지키는 파수꾼이 되었다. 들장미에 둘러싸인 담장에는 헤라클레스가 따온 황금 오렌지나무의 잎과 열매가 새겨져 있다.

별장의 뜰은 신화 속 세 여신의 정원처럼 만들어져 있다. 정원 곳곳에 오렌지나무와 여신이 변한 포플러나무, 버드나무, 빨간 느릅나무가 서 있다. 그 외에도 레몬, 돌배나무 등 갖가지 나무가 심겨져 있어 정원에는 늘 나무 그늘이 짙다. 새벽에 혼자 정원에 나가면 사방은 고요하고 새 지저귀는 소리만 간간히 들려온다. 그곳을 거니는 사람은 자신이 신화의 주인공이 된 듯한 기분을 맛볼 수 있다.

신화 속의 영웅 헤라클레스의 집으로 변신한 별장을 보고 구엘은 매우 만족해했다.

"자네야말로 내가 원하는 것을 잘 알아주는 건축가일세."

특이한 점은 별장의 울타리가 그 시대에 많이 사용되던 시멘트와 모래를 물로 반죽해 만든 모르타르가 아니라 돌로 만들어졌다는 것이다. 구엘이 그 이유를 묻자, 가우디는 농촌에 세워지는 건축물은 그 지역에서 흔히 얻을 수 있는 재료를 사용하여 만들어져야 한다고 대답했다.

"농부들이 농사일을 하다 말고 도시로 재료를 사러 갈 수는 없습니다. 주위에서 쉽게 찾을 수 있는 재료로 만들면 부서져도 금방 고칠 수 있지요."

과연 그렇군. 구엘은 고개를 끄덕였다.

"사실, 들장미가 울타리 재료로 제일 좋지요."

가우디의 말을 들은 구엘은 그 까닭을 물었다.

"우선 고칠 필요가 없지요. 들장미는 가시가 있어 울타리 재료로 손색이 없을 뿐더러, 계절이 바뀔 때마다 꽃 피고 낙엽 지는 다양한 모습을 보여주니 그만큼 아름다운 울타리는 찾아보기 힘들 겁니다."

별장을 보고 만족한 구엘은 도시에 세울 저택의 설계도 가우디에게 맡겼다. 저택이 지어질 장소는 바르셀로나의 초라한 뒷골목이었다. 구엘 같은 부자의 저택이 세워질 장소로는 어울리지 않았다. 더군다나 높은 건물들 사이에 끼어 있어 저택이 지어질 부지는 좁디좁아 보였다. 도대체 돈도 많고 땅도 많은 구엘이 하필이면 거기에다 집을 지으려는 걸까? 사람들은 의아하게 생각했다.

저택이 지어질 골목에는 구엘 아버지의 집이 있었다. 저택이 완성되면 구엘의 집과 구엘 아버지의 집은 골목길을 사이에 두고 마주보게 된다. 구엘은 자기 아버지의 집과 가까운 곳에 자신의 저택을 짓고 싶어 한 것이었다.

구엘은 가우디에게 화려하면서 독특한 저택을 지어 달라고 했다.

"돈은 얼마든지 써도 좋아."

공사비 때문에 고민할 필요가 없다니! 신이 난 가우디는 평소에 써 보고 싶었던 비싼 자재나 장식물을 마음껏 주문했다. 그런 가우디를 보며 두통에 시달리는 사람이 있었으니, 그는 바로 구엘 집안의 집사이며 회계사인 피코였다. 구엘 가문의 돈을 관리하는 피코로서는 가우디가 못마땅할 수밖에 없었다.

"자네 돈이 아니라고 펑펑 쓰면 되겠나?"

피코는 가우디만 보면 잔소리를 늘어놓았다. 그러나 저택을 짓느라 정신이 없었던 가우디는 피코의 말에 신경 쓸 틈조차 없었다.

"내가 구엘 씨의 주머니를 채워 놓으면 뭘 해. 가우디가 금세 텅텅 비워 버리는데."

피코의 불만은 점점 커졌다. 그러던 어느 날 가우디가 내민 청구서를 본 피코의 입이 다물어질 줄 몰랐다. 피코는 청구서 뭉치를 들고 당장 구엘을 찾아갔다. 구엘을 만나자마자 피코는 가우디가 낭비를 하고 있다는 증거라며 청구서를 내밀었다.

"보십쇼. 아예 궁전을 짓고 있어요."

그러나 청구서를 본 구엘은 눈 하나 깜짝하지 않았다.

"가우디가 쓴 돈이 고작 이거냐? 생각보다 통이 작군. 좀 더 펑펑 쓰라고 해라."

피코는 풀이 죽어 공사 현장으로 돌아갔다. 피코는 구엘이 어떤 생각을 가지고 있는지 몰랐던 것이다. 자신의 부와 감각을 한껏 뽐낼 저택을 세우고 싶어 한 구엘이 원한 것은 피코의 지적대로 저택보다 차라리 궁전이었다. 가우디는 구엘의 그런 생각을 잘 알고 있었다. 괜한 걱정을 하고 있는 건 오히려 피코였다.

'궁전'을 짓겠다는 포부대로 구엘 저택은 화려한 장식으로 치장되었다. 그러나 무작정 화려하기만 해서는 안 되었다. 화려하면서 품위도 있어야 했다. 구엘 궁전은 벼락부자들이 세우는 돈만 처바른 집이 아니라 사는 사람의 품위도 느낄 수 있는 집이어야 했다. 그런 집은 돈만 가지고 지을 수 있는 것이 아니다.

그런 고민을 하고 있는 가우디에게 한 실내장식가가 슬그머니 다가와 속삭였다.

"선생님, 저기 옷장 옆 있잖아요."

옷장 옆에는 실내장식가가 만든 대리석 기둥이 서 있었다.

"저거 사실 가짜 대리석이에요. 감쪽같죠?"

가우디는 감탄하는 대신 실내장식가의 머리를 쥐어박았다.

“너는 내가 장난하는 것처럼 보이느냐? 예술은 진지한 작업이야. 다시는 속일 생각 말아라.”

구엘 저택의 대문에는 이상한 모양의 가시 왕관을 쓴 독수리가 매달렸다. 막 날아오르려는 듯 날개를 펼치고 있는 독수리는 카탈루냐의 자부심을 상징하는 것으로 이 집의 주인인 구엘의 카탈루냐에 대한 애정을 나타내는 것이었다.

문을 열고 들어가면 탁 트인 중앙 홀이 나타난다. 저택을 세울 부지가 좁다는 문제점을 해결하기 위해 가우디는 건물 1층의 칸막이를 모두 없애 버렸다. 좁고 칙칙한 공간은 궁전에 어울리지 않는다는 생각에서였다. 이와 더불어 중앙 홀에 높은 천장을 내고 둥근 천장 곳곳에 햇빛이 들어올 수 있게 구멍을 뚫어 놓았다. 해가 떠 그 구멍들로 햇빛이 한 줄기씩 쏟아져 들어오면, 중앙 홀은 조명이 따로 필요 없을 정도로 밝아진다.

건물 구석구석에 왕궁에서나 쓰는 화려한 장식들이 놓여져 있다. 대리석 벽에는 벽걸이형 촛대가 걸려 있고, 흑단과 상아 장식이 곳곳에 놓여 있으며, 나무로 만들어진 천장은 금과 은으로 만든 나뭇잎으로 장식되어 있다. 저택을 궁전같이 꾸미기 위해 가우디는 여러 왕들이 좋아했던 건축 양식을 연구하고 궁전에서만 볼 수 있는 장식들을 저택 안으로 옮겨온 것이다.

장식뿐만 아니라 저택을 이루고 있는 모든 것들에 정성을 기울였다. 저택 내부에 세워진 127개의 석회암 기둥은 모두 모양이 다르며, 응접실 천장에 새겨진 조각은 그 자체로 훌륭한 예술품이다. 하물며 가우디는 구엘의 부인이 쓸 화장대까지도 직접 설계했다. 나중에 왕실의 접견 장소로 자주 이용된 구엘 저택은 방문한 여러 왕들에게 왕궁에 버금간다는 찬사를 받았다.

그러나 구엘 저택에서 가장 독특한 공간은 옥상이다. 저택 내부가 지상의 궁전을 상징하는 것이라면 옥상은 자연 속의 천국을 나타낸다. 옥상에는 돌로 만든 굴뚝들이 세워져 있다. 그냥 세워진 굴뚝이 아니라 그것들은 동물의 모양을 닮아 있다. 가우디는 어린 시절 몬세라트 산의 바위들을 보며 상상했던 동물들을 구엘 저택의 옥상으로 옮겨 놓았던 것이다. 중앙에는 원뿔 탑이 솟아 있다. 탑의 꼭대기는 초록빛이 도는 석회암으로 덮여 있어 주변의 빛을 흠뻑 빨아들였다. 빛을 머금은 탑 위에 세워진 박쥐 모양의 풍향계는 바람이 불 때마다 핑그르르 돌며 날개를 퍼덕였다.

구엘은 더없이 만족해했다. 구름 모양의 화장대를 본 구엘 부인도 가우디의 노고를 칭찬했다. 그러나 구엘 가족 중 한 사람이 불만을 표시했다. 구엘의 딸 이사벨이 가우디의 코트 자락에 매달려 징징댔다.

"아저씨, 중앙 홀에 피아노를 놓을 수가 없대요."

정말 피아노가 지나갈 만큼의 공간이 확보되어 있지 않았다.

"아버지가 새 피아노를 사주었는데 어떻게 해요……?"

이사벨은 급기야 울먹이기 시작했다. 할 말을 잃고 있던 가우디는 잠시 후 이사벨의 머리를 쓰다듬어 주며 말했다.

"저기……, 이사벨. 바이올린 소리도 참 듣기 좋단다. 피아노 말고 바이올린을 켜 보는 건 어떠니?"

이날의 실수를 잊지 않고, 가우디는 그 뒤로 저택을 지을 때 피아노가 지나갈 수 있는 공간을 넉넉하게 마련하는 것을 절대 잊지 않았다.

집을 꿈꾸다, 꿈으로 집을 짓다

종교 건축물은 어떻게 만들지?

건축은 종교와의 만남으로부터 출발했다. 우리가 익히 알고 있
는 유명한 건축물 중에는 종교적인 성격을 띤 것들이 많다. 거대한
신전이나 성당, 절 들은 모두 종교의 힘을 빌린 건축물들이다. 신에
대한 열망은 돌을 파내고 옮기고 쌓아 올려 역사에 길이 남는 위대
한 건축물을 만든 원동력이 되었다. 건축가로서 명성을 얻고 있던
가우디도 그런 종교적인 건축물을 세우는 작업에 참여하게 되었다.

아스토리가에 있는 주교관이 불에 타 버리자 머물 곳이 없어진
그라우 주교는 사방으로 주교관을 새로 지어 줄 사람을 구하러 다
녔다. 그러나 마땅한 사람을 구하는 것이 그리 쉽지 않았다. 낙심하
고 있던 차에 그라우 주교는 자신의 고향인 레우스 출신의 건축가

가 있다는 말을 듣게 되었다. 주교는 즉시 가우디에게 아스토리가
의 새 주교관을 세워 달라는 편지를 보냈다.

가우디는 그러겠다는 답장을 보냈지만 당장은 짓고 있는 건물
때문에 아스토리가에 가 볼 수가 없었다. 언제나 먼저 건물이 세워
질 곳에 가서 주위를 살펴본 후 설계를 했는데 이번만큼은 어쩔 도
리가 없었다. 그 대신 가우디는 주교에게 주교관이 세워질 부지의
정확한 자연 조건과 주변 건물들, 아스토리가의 풍경이 담긴 사진
과 자료들을 보내 달라고 했다. 주교는 부탁대로 자료를 보내왔고,
가우디도 시간을 쪼개『스페인: 문화재와 예술』이란 책을 읽으며,
아스토리가 주교관의 청사진을 머릿속에 그려 나갔다.

주교관이 세워질 아스토리가는 이방인의 약탈이 잦았던 곳이었
던 만큼 여러 문화가 뒤엉켜 있었고, 그 문화들의 영향을 받은 색다
른 건물들이 많은 도시였다. 특히 아스토리가에 있는 고딕 양식의
대성당은 그 당시 유럽에서 화려하기로 이름 높은 건물이었다. 그러
나 가우디가 주목한 것은 화려한 고딕 대성당이 아니라 성벽의 잔해
가 남아 있는 로마 시대의 유적지였다. 가우디는 '철통 성벽'이란 별
명이 붙은 요새의 잔해가 찍힌 사진을 오랫동안 들여다보았다.

'가톨릭은 낡았다. 신이 우리들에게 주는 것이 무엇이냐? 주교들
은 자기들 배만 불리고 있다.' 그 당시 스페인의 국교인 가톨릭은
새로운 시대의 사람들에게 맹렬한 공격을 받고 있었다. 가우디는

새로 지을 주교관을 그런 공격이나 비난에도 꿈쩍하지 않을 그리스도교의 요새로 만들고 싶었다.

1887년 가우디는 주교에게 설계도를 담은 편지를 보냈다. 설계도를 본 주교는 흥분하여 가우디에게 다음과 같은 전보를 보내왔다.

'멋진 설계도 받음. 무척 마음에 듦. 답장 기다리겠음.'

여러 가지 일들로 바빴던 가우디는 다음해가 되어야 아스토리가에 갈 수 있었다. 주교는 가우디를 반겨 맞았다. 마차 안에서 주교는 빨리 주교관 공사를 시작하자고 재촉했지만 가우디는 고개를 끄덕이며 창밖만 내다보았다. 창밖으로 사진 속의 풍경들이 지나가고 있었다.

마차가 주교관이 세워질 부지에 도착했다. 부지를 둘러본 가우디는 자신의 설계가 실제 주변 환경과는 잘 어울리지 않는다는 것을 깨달았다. 사진에서 본 것과 실제는 달랐던 것이다.

"설계를 처음부터 다시 해야겠습니다."

가우디의 말을 들은 그라우 주교는 당황했다. 그가 보기에 설계도에는 별 문제가 없어 보였다.

"그냥 이대로 지으면 안 되겠나?"

하지만 가우디는 설계를 새로 시작했다. 그라우 주교는 설계도가 완성되는 날만 손꼽아 기다렸다. 마침내 새 설계도가 모습을 드러냈다.

‘이제 만들기만 하면 되겠군.’

하지만 이번에는 주교관 건립 위원회에서 반대를 하고 나섰다. 설계된 계단은 좁고 가팔라 화재가 일어나면 대피가 쉽지 않을 것이며, 나무로 만들어질 대들보는 너무 얇아 불에 타기 쉽다는 것이 이유였다. 화재로 주교관을 몽땅 태웠기 때문에 이번에 새로 지을 주교관은 무엇보다 화재로부터 안전해야 한다는 것이 위원회 측의 주장이었다. 일리 있는 말이었다. 주교관 건설은 점점 늦춰졌고 그라우 주교의 가슴만 타들어 갔다.

마침내 공사가 시작되자, 그라우 주교는 매일 공사장을 기웃거렸다. 긴 옷을 질질 끌며 현장을 돌아다니는 주교는 번번이 공사에 방해가 되었다. 그렇다고 오지 말라고 막을 수도 없었다. 가우디가 짓고 있는 건물은 주교가 살 곳이었으니까 말이다.

하지만 결국 가우디와 주교는 말싸움까지 벌이고 말았다. 사건의 전말은 다음과 같았다. 성당을 둘러보던 가우디는 멋진 인물 조각을 덮고 있는 아치를 발견했고, 그 아치가 근사한 작품을 가리고 있다는 생각에 인부에게 아치를 뜯어내라고 지시를 내렸다.

인부가 아치를 뜯어내는 것을 본 그라우 주교는 인부를 뜯어 말리고 당장 가우디를 찾아갔다.

“아치를 뜯다니, 자네 제정신인가?”

가우디는 볼품없는 아치가 훌륭한 작품을 가리고 있으므로 마땅히 없애야 한다고 주장했다.

"자네 뭘 모르는군. 아치는 가톨릭 교리의 핵심이자 보는 이에게 신의 위엄을 드러내는 역할을 한다고. 자네 말 한마디에 없앨 수 있는 것이 아닐세."

"보세요, 천사들이 들어 올린 망토 자락이 아치 역할을 충분히 하고 있네요. 저건 군더더기일 뿐입니다."

가우디가 단호하게 대답하자 주교는 머뭇거렸다.

"어쩌면, 이번엔 자네 말이 맞을지도 모르지. 아주 조금은……."

"이번에도 제 말이 맞고, 제 말은 늘 옳았습니다."

"도무지 말이 통하지 않는 친구로군."

화가 난 주교는 성직자 위원회에 해결을 부탁했고 위원회는 아치를 뜯어내는 것은 옳지 않다는 판결을 내렸다.

화가 난 가우디는 주교와 몇 시간이고 논쟁을 벌였다. 주교는 가우디에게 말이 통하지 않는 고집불통이라고 투덜거렸다. 가우디도 자신이 고집불통이라는 것을 잘 알고 있었다.

"평생 전 제 성질을 잠재우려고 노력했습니다. 어떨 땐 성공했지만, 또 어떨 땐 제 성질이 저를 압도했지요."

그러나 가우디는 자신이 옳다고 생각하는 것에 대해 져 주는 법이 없는 사람이었다. 말싸움에 지친 주교는 가우디에게 『교회 의례 연감』이란 책을 건네주었다.

"자네가 몰라서 그렇다고 생각하네. 일단 이 책을 읽고 난 후 다시 얘기해 보세."

『교회 의례 연감』은 가톨릭의 여러 예배 의식이 가지는 의미와 가치에 대해 설명해 놓은 책이다. 그 책을 다 읽고 나서야 가우디는 가톨릭 건축물이 어떻게 만들어져야 하는지를 알게 되었다. 지금까지 만들어 온 일반 주택과는 달리 종교적 건축물에는 그것에만 적용되는 법칙들이 있었다. 주교의 말대로 가우디는 그걸 몰랐던 것이다.

가우디가 가톨릭 신자이기는 했지만 가톨릭에 대해 주교보다 더 많이 알 수는 없었다. 자신은 건축 전문가이지만 가톨릭에 대해서는 주교가 전문가였다. 가우디는 그라우 주교에게 사과를 했고 아치는 제자리로 돌아갔다.

그 후 가우디는 『교회 의례 연감』을 책장의 가장 잘 보이는 데 꽂아 두고 틈틈이 읽었고, 그라우 주교의 말에도 귀를 기울였다. 뚱뚱한 몸집에 다혈질인 그라우 주교는 알고 보니 자신이 담당하고 있는 아스토리가를 부흥시키는 데 노력을 아끼지 않는 청렴한 종교 지도자였다. 그라우 주교도 건축에 대한 가우디의 열정을 직접 느낀 후 가우디와 위원회 사이에 다툼이 생기면 늘 가우디의 편이 되어 주곤 했다.

겨울이 되자 현관 공사가 시작되었다. 그러나 현관의 아치가 제

자리를 잡기까지 지탱해 줄 지지대를 만드는 것이 어려웠다. 돌의 무게 때문에 현관 아치는 두 번이나 무너져 내렸다.

'이번에는 가우디가 포기할 것이다.'

스페인의 건축가들도 가우디와 돌덩이의 싸움이 어떻게 끝날지 주목했다.

가우디와 인부는 아치 앞에 세워진 발판에 올라서서 돌덩어리를 움직여 보려고 애를 썼다. 힘을 줄 때마다 입김이 들락거렸고 얼굴이 달아올랐다. 얼마 후 돌덩어리들이 기우뚱거리자 구경하던 사람들이 뒤로 물러섰고, 가우디는 다시 돌덩이에 매달렸다. 돌과 가우디의 싸움은 계속되었다. 그는 있는 힘껏 돌을 제자리로 밀어 넣었다.

"이제 됐다!"

구경꾼들은 환호성을 질렀다. 그러나 그 환호성이 채 그치기도 전에 아치는 굉음을 내며 다시 무너져 내렸다. 보고 있던 사람들은 한숨을 쉬었다. 해가 지고, 눈이 내리기 시작했다. 돌 더미 위로 눈발이 내려앉았다. 구경을 하던 사람들도 하나둘씩 저녁 식사를 하기 위해 집으로 돌아가기 시작했다. 마침내 가우디 곁에는 인부 한 사람만 남았다. 가우디의 손바닥은 껍질이 벗겨져 피가 배어 나오고 있었다. 무너져 내린 돌덩어리를 내려다보고 있던 가우디는 두 손을 바지에 문질러 닦았다.

"다시 한 번 해 보자구."

흩날리는 눈발 아래 가우디와 인부는 호흡을 맞추어 돌덩어리들을 밀어 올렸다. 사방은 어둠이 깔려 있었고 그 사이로 희끗희끗 눈발이 날리고 있었다. 마침내 현관에 마지막 돌이 놓였다. 돌은 더 이상 움직이지 않게 되었다.

"성공이다!"

얼싸안은 두 사람의 머리 위로 눈이 소복소복 내려앉았다.

그러나 4년 동안이나 주교관 건축에 매달렸지만 위원회 측에서는 임금을 제대로 주지 않았다. 속으로 끙끙 앓고 있던 가우디는 그라우 주교에게 쓴 편지에 베풀어 준 호의에 대한 감사와 더불어 행정 당국에 대한 불만을 털어놓았다.

"일로 먹고 사는 저 같은 예술가의 명예가 지켜져야 하며, 또한 저처럼 명예로 사는 사람들이 보상을 구걸하는 상황에 놓여서는 안 된다는 사실을 알아주시길 바랍니다."

그러나 이듬해까지 위원회 사람들은 갖가지 트집을 잡으며 임금을 지불하지 않았다. 가우디는 화가 났지만 그렇다고 주교관을 짓다 말 수는 없는 노릇이었다. 주교관이 완성되기만을 손꼽아 기다리는 그라우 주교 때문이었다.

그러던 중 주교가 다리를 다쳐 침대에 누워 꼼짝도 할 수 없게 되었다. 위원회와의 마찰에서 가우디의 편을 들어줄 사람은 그라우 주교밖에 없었다. 그러나 상황은 더 나빠졌다. 다친 다리가 덧나 그라우 주교는 점점 여위어 갔다. 살이 빠져 주교복은 헐렁해졌고, 카랑카랑했던 목소리는 나직해졌다. 문병을 간 가우디는 주교가 살날이 얼마 남지 않았다고 생각했다. 주교는 이미 이 세상 사람 같지 않아 보였다. 몸의 반은 벌써 천국에 가 있었다.

"자네가 지은 주교관이 아니라 천국에 먼저 들어가게 생겼네."

주교는 가우디를 보고 미소를 지었다. 주교관을 지으며 가우디와 주교는 친구처럼 지냈다. 그라우 주교가 죽어 가는 모습을 보는 것이 가우디에겐 괴로운 일이었다. 그래서 위원회와의 갈등 때문에 주교관 건설을 그만두어야 할지 모르겠다는 말은 차마 할 수 없었다.

얼마 후 주교는 세상을 떠났고, 가우디는 주교의 장례식에 모인 위원회 사람들에게 말했다.

"여러분은 일을 마무리할 힘도 없고, 그렇다고 중단된 채 내버려 둘 힘도 없는 사람들입니다."

작별 인사였다. 교단 측은 가우디를 끊임없이 방해했고 이제 주교까지 죽었으니 그를 보호해 줄 사람도 없어진 것이었다. 돌덩어리를 옮기는 것보다 위원회 사람들의 마음을 움직이는 것이 더 힘들다는 것을 가우디는 알고 있었다. 가우디가 아스토리가를 떠나기 전에 마지막으로 한 일은 그라우 주교의 무덤에 놓일 비석을 만드는 일이었다.

몇 년이 지나 아스토리가 주교관 건립 위원회에서 가우디에게 돌아와 달라고 요청했다. 거기서 받은 수모를 잊을 수 없었던 그는 거절했고 가우디 없이 아스토리가 주교관은 완성되었다. 자신의 설계대로가 아니라 주교관이 엉망진창으로 지어졌다는 소식을 들은 가우디는 설계도를 불태우며 평생 아스토르가에 발을 들이지 않겠다고 맹세했다.

보수적인 가톨릭 건축가로 낙인찍히다

아스토리가 주교관은 뜻대로 완성할 수 없었지만 가우디는 다시 종교적인 건물을 지을 기회를 잡게 되었다. 설계를 부탁한 오소 신부는 소녀들의 교육을 목적으로 만들어진 성 테레사 수도회의 창시자였다. 스페인, 아프리카, 아메리카 곳곳에 학교를 설립한 그는 바르셀로나에도 '성 테레사 학원'을 짓기로 결심하고 시 외곽의 땅을 사들였다.

그러나 예산이 부족해 올리던 건물은 2층에서 멈춰 섰다. 겨우겨우 공사비를 모금한 오소 신부는 공사의 마무리를 가우디에게 부탁했다. 성 테레사 학원의 설립 의도를 들은 가우디는 새로운 건물을 구상했고, 건물 설계를 기초부터 전면 수정하기 시작했다.

‘이미 건물이 이층까지 올라가 있는데 처음부터 다시 하겠다
니……’

오소 신부는 기가 막혔다.

‘게다가 예산도 얼마 없는데.’

신부는 틈만 나면 가우디 주변을 맴돌며 그의 일에 끼어들었다.
가우디도 가만있을 사람은 아니었다.

“각자 자기 일을 합시다, 신부님. 저는 수녀원을 만들고, 신부님
은 미사와 설교에 힘쓰시고요.”

오소 신부는 머쓱해하며 자기 자리로 돌아갔다. 그러나 공사가
진행되면서 오소 신부의 불안감은 차차 기대감으로 바뀌었다. 이
제까지 보지 못했던 근사한 수녀원이 탄생할 것 같았다.

가우디의 지지자가 된 오소 신부는 친구에게 보낸 편지에서도
‘학원이 되도록 질서 없이 장식되어, 기묘하고 신기한 가우디 형태
가 되었으면 한다’는 자신의 생각을 밝히기도 했다. 오소 신부는 매
일 저녁 수녀원의 완공을 위해 기도를 드렸다.

‘이 건물이 아름다운 것이 되게 하소서. 바르셀로나 아니, 스페인
에서 둘도 없는 건물이 되게 하소서.’

가우디와 오소 신부의 노력으로 완성된 성 테레사 학원은 이전
에 가우디가 지었던 저택들과는 많이 달랐다. 별다른 장식이 없는
점잖은 건물이었다. 그런 건물을 짓게 된 것은 다음과 같은 생각 때

문이었다. '이곳은 소녀들의 교육 기관이다. 소녀들은 무엇보다 검소와 절제를 배워야 한다. 그러기 위해서는 학교 건물 자체도 소박하고, 절제되어 있어야 한다. 쓸데없이 화려한 건물은 학생들을 들뜨게 만들어 공부에 방해만 될 것이다.'

또한 가우디는 자라나는 소녀들이 햇빛을 많이 받아야 한다고 생각했다.

가우디는 건물을 7개의 구역으로 나누고, 그중 세 개 구역의 천장을 없애 하늘을 볼 수 있게 만들었다. 천장을 통해 들어온 햇빛은 건물 전체를 따뜻하게 감싸고 있다. 2층 한가운데 있는 정원과 복도에도 햇살이 가득하다. 복도에 늘어선 원기둥 사이로 정원의 햇빛이 비춰 들어온다. 복도 안쪽으로 들어갈수록 햇빛의 양은 늘어난다. 점점 햇살이 짙어지는 복도를 걷다 보면 빛의 한가운데로 들어간다는 느낌을 받을 수 있다.

아스토리가 주교관, 성 테레사 학원 등 종교적인 건축물을 만들면서 가우디는 종교의 세계에 빠져 들어갔다. 종교적인 건물을 만든다는 것은 종교의 정신을 건물로 재현한다는 의미이다. 종교의 정신을 깊이 생각하는 시간을 가져야만 제대로 된 종교 건축물을 만들 수 있다. 가우디의 어머니는 독실한 가톨릭 신자였고, 가우디 역시 어릴 적부터 성당을 보며 자랐다. 게다가 스페인은 가톨릭을 국교로 삼은 나라였으므로 건축물 중에는 가톨릭의 영향을 받는

것이 많았다. 전통을 중시하는 가우디에게 그런 종교적인 색채를 띤 건물은 낯선 것이 아니었다.

성 테레사 학원을 완성하고 나서 가우디는 금식을 선언했다.

"앞으로 사십 일 동안 아무것도 먹지 않겠다. 내 몸속에 든 모든 악을 몰아내고 신께 정결한 몸을 바치겠다."

일을 그만둔 가우디는 외투와 망토를 뒤집어쓰고 침대에 누워 버렸다. 신문에 바짝 마른 가우디의 사진이 실렸다. 모두들 가우디가 돌았다고 생각했다. 주위 사람들은 그를 말렸고 그의 아버지도 금식을 그만두라고 했지만, 가우디는 도무지 말을 듣지 않았다.

친구인 시인 베렝게르가 누명을 쓰고 쫓겨난 사건도 금식을 그만두지 못하게 만든 원인 중 하나였다. 악마가 씌었다는 누명을 쓰고 주교 직에서 끌려 내려온 베렝게르는 가난에 시달리다 평소 알고 지내던 코미야스 후작에게 도움을 청하러 갔다. 그러나 베렝게르를 본 코미야스 후작은 즉시 경찰을 불렀다.

"평생의 친구가 고작 은 삼십 냥에 날 팔아넘기다니."

베렝게르는 감옥에 갇혔고, 가우디는 그의 처지를 보며 가혹한 세상사에 질려 버렸다. 건축물을 짓기 위해 온갖 인간들을 만나고, 그들의 실체를 접하게 되면서 지쳐 버렸다. 돈 때문에 추잡해지는 사람들과 그 돈 때문에 뜻을 굽혀야 하는 자신의 모습에 환멸을 느끼게 된 것이다. 인간사에서 벗어나 신의 세계로 가자. 그러기 위해서는 우선 정결한 몸을 만들어야 한다. 가우디는 금식으로 몸속에 들어 있던 세상의 때를 모두 벗겨 내고 가볍고 깨끗한 몸으로 신의 세상으로 가고 싶었다.

그는 나날이 야위어 갔다. 푸른 눈은 퀭하니 들어갔고, 살갗은 얼굴에 바짝 달라붙었다. 그대로 두면 죽을지도 모른다. 애가 탔던 그의 아버지는 가우디가 존경하던 주교를 집으로 불렀다.

어두운 방, 딱딱한 침대에 해골처럼 마른 가우디가 누워 있었다. 가우디는 주교를 보자 몸을 일으켰다. 뼈만 남은 가우디를 본 주교는 혀를 찼다.

"이봐, 자네 꼴이 지금 어떤 줄 아나?"

주교는 침대 옆 의자에 앉아 가우디를 설득했다.

"신께서 과연 이런 자네를 보고 좋아하실 것 같나? 이런 짓은 광신도나 하는 거야. 다른 사람들에게 종교에 대한 혐오감만 줄 뿐이네. 자네만 욕을 먹는 게 아니야. 자네의 신도 함께 욕을 먹는 짓이라고."

가우디는 주교를 바라보았다.

"자네는 다른 방법으로 신에게 다가갈 수 있지 않은가? 제발 금식을 멈추게."

가우디는 금식을 그만두었지만, 젊은 예술가들 사이에서 종교를 위해 금식까지 감행한 가우디는 보수적인 가톨릭 세력의 우두머리로 낙인찍히게 되었다. 젊은 예술가들은 가톨릭에 대해 강한 반발심을 가지고 있었다. 낡은 종교가 그들의 새로운 예술 세계를 이해하지 못한다는 생각 때문이었다. 나이 든 예술가들에게 가톨릭은 전통이었지만, 젊은 예술가들에게는 버려야 하는 악습에 불과했다.

그래서 바르셀로나의 예술가들은 두 패로 나뉘어 싸움을 벌였다. 가톨릭이 스페인 사회를 병들게 하는 독이라고 생각한 젊은 예술가들과 가톨릭은 스페인의 오래된 정신적인 뿌리라고 생각하는 예술가들의 충돌은 치열했다. 젊은 예술가들은 교회에 반대하는 교권 반대 운동을 펼쳤고, 그런 젊은이들을 못마땅하게 생각한 나이든 예술가들은 예술가들의 타락을 막는다는 뜻으로 '성 육 예술원'이란 단체를 조직했다.

그러나 이 예술 단체의 규칙은 창조성과는 거리가 멀었다. 성 육 예술원의 첫 번째 규칙은 다음과 같았다.

"수업 시간에 옷 벗은 여자가 없어야 한다."

어떤 경우에서도 누드는 절대 그려선 안 된다고 못을 박아 둔 것이다. 그러나 제대로 된 그림을 그리려면 인체의 아름다움과 골격을 알아야 했다. 미술을 공부하는 사람들에게 누드모델은 구경거리가 아니라 연구 대상이었다. 그러나 보수적인 성 육 예술원 회원들은 학생들 앞에 옷 벗은 여자들이 돌아다니는 꼴을 차마 볼 수 없었다.

가우디도 그런 성 육 예술원의 회원이었다. 그는 가톨릭을 공격하고 전통적인 것들은 무조건 나쁘다고 하는 젊은 예술가들을 싫어했다. 가우디에게 전통은 창조의 바탕이 되는 소중한 것이었다. 오래된 것이라고 무조건 버려야 한다는 그들의 주장을 도저히 받아들일 수 없었다. 자유를 내세우며 젊은 예술가들이 벌이는 방종이나 타락상도 그에게는 꼴불견이었다. 가우디는 그들이 내세우는 민주주의 이념까지 탐탁지 않아 했다.

"민주주의만큼 멍청하고 둔한 지배 형태는 없어."

그는 민주주의가 스페인의 소중한 건축 유산들을 파괴했다고 생각했다.

"민주주의는 모든 것을 비참한 길로 빠져 들게 했어. 툇마루와 일광욕실, 커다란 정원이 있는 고풍스러운 바르셀로나의 가옥들을 냄새나는 상자 같은 집들로 변하게 했다고."

건축가인 가우디는 건물을 지을 수 있는 돈을 가진 부자나 귀족, 성직자와 가까이 지낼 수밖에 없었다. 그들과 가까이 지내다 보니, 가우디의 생각은 자연히 그들의 생각을 닮게 되었다. 거대하고 아름다운 건물을 지으려면 돈이 필요하다. 돈과 권력을 가진 사람들의 뜻을 어느 정도 맞춰 주어야만 자신의 뜻이 담긴 건물을 지을 수 있는 것이다.

어느 시대 어느 사회나 보수와 진보, 젊은이들과 나이 든 사람들

의 갈등은 있어 왔다. 나이 든 가톨릭 신자 가우디가 어느 편에 섰을
지는 뻔한 일이었다. 그도 한때는 노동 단지를 건설하고 그들의 생
각에 동참한 젊은이였다. 그러나 그도 세월에 따라 변해 간 것이다.

가우디와 맞서던 젊은 예술가들의 무리에는 유명한 화가 피카소
도 있었다. 그는 성 육 예술원과 그 회원들의 종교적인 편견을 싫어
했다. 피카소가 싫어하는 사람들의 목록에는 가우디도 들어 있었
다. 피카소는 그의 작품 〈기아〉에서 가우디를 세상 물정 모르는 답
답한 노인네로 묘사하고 있다.

피카소의 펜화 〈기아〉에는 여러 사람들이 등장한다. 제일 앞에
는 가난한 가족이 서 있고 뒤에는 허세 부리는 인물들이 서 있다.
그 거들먹거리는 사람들 속에 허름한 양복을 입고 턱수염을 기른
가우디의 모습이 보인다. 배고픈 가족은 흐리멍덩한 눈빛으로 건
축가를 바라보고 있다. 건축가는 그들에게 말한다.

“저는 지금 여러분에게 하느님과 예술에 대해 말하려고 합니다.”

가난한 아버지는 아이들을 감싸며 대답한다.

“네, 원하신다면 하느님과 예술에 대해 말씀하십시오. 그런데 제
자식들은 지금 배가 고프답니다.”

피카소는 당장 배가 고픈 사람들에게 부자들의 예술이나 하느님
얘기는 하나마나한 얘기라고 생각했다. 피카소는 친구에 보내는
편지에 다음과 같이 썼다.

"만일 화가 오피소를 보거든 가우디와 성가족 대성당을 모두 지옥에 보내 달라고 해."

가우디도 피카소라면 질색을 했다. 그는 피카소를 포함한 젊은 예술가들이 아무것도 모르면서 날뛴다고 경멸했고, 천둥벌거숭이 같은 그들의 예술 역시 보잘것없는 것이라고 생각했다. 두 세력 간의 싸움은 팽팽했지만 승리는 결국 가우디가 속한 보수주의 진영의 것이 되었다. 바르셀로나란 도시에 실망한 피카소는 기차를 타고 파리로 떠나 버렸다.

가까이하기 어려운 사람

가우디는 혼자 있는 시간을 좋아했다. 사람들보다 어린 시절처럼 자연과 함께 있는 시간을 소중하게 여겼다. 그런 가우디와 함께 있어도 불편해하지 않는 사람들은 고향 친구거나 같은 일을 하는 장인들뿐이었다.

그런 친구들 중에 조각 기술자인 바디아 형제가 있었다. 시끄럽다는 이웃의 불평 때문에 당장 작업실을 옮겨야 했던 바디아 형제의 새 작업실을 만들어 준 사람이 바로 가우디였다. 작업실이 완성되자 가우디는 그곳을 제집처럼 드나들었다. 석고 모형과 설계도로 가득 찬 작업실에 있으면 아버지의 대장간에 있는 것처럼 마음이 편했기 때문이었다.

그러나 가우디의 방문이 너무 잦아지자 형제는 가우디를 부담스러워하기 시작했다. 가우디가 문을 두드리면 형 오뇨소는 종종 다른 곳으로 도망을 갔다. 가우디가 보기 싫어서가 아니었다. 가우디는 바디아 형제의 작업실에서 가만히 앉아 구경만 하지 않고 계속 질문을 퍼붓기 때문이었다.

"그건 어떻게 만드는 거지, 오뇨소?"

"어느 자리에 두어야 빛을 가장 잘 받을 수 있지?"

가우디는 잠시도 쉬지 않고 질문을 해 댔고, 끝도 없이 이어지는 질문들에 답하다 보면 일을 제때 끝내지 못할 때가 많았다. 호기심 많은 건축가는 간혹 바디아 형제의 작업에 훼방꾼이 되곤 했다.

"저기 가우디 선생이 오시는데요."

동생의 말을 들은 오뇨소는 재빨리 창고로 숨어들어 갔다. 그는 깜깜한 창고에 앉아 가우디가 가기만을 기다렸다. 시간이 한참 흘렀지만, 가우디가 갔다는 소식은 오지 않았다. 다리도 저렸고 목도 말라 왔다.

한참이 지나서야 동생은 오뇨소를 부르러 왔다. 오뇨소는 툴툴대며 동생에게 가우디가 왜 왔느냐고 물었다.

"이번엔 일을 맡기러 왔어."

"일 하나 맡기는 데 몇 시간씩 걸려? 도대체 무슨 일인데?"

"형, 그게 말이야……."

동생 루이스는 고개를 설레설레 저었다.

"인간이 만든 흔적이 남아 있는 무쇠가 아니라 사람의 살처럼 자연스럽고 부드러운 무쇠 작품을 원한대."

"맙소사. 우리가 신이라도 된다고 생각하는 건가?"

투덜거렸지만 바디아 형제는 가우디의 뜻을 생각하며 무쇠 작품을 만들기 시작했다. 그들에게 있어 가우디의 주문은 흥미로운 숙제와도 같았다. 더 아름답고 보기 좋은 것을 어떻게 만들 수 있는지 고민을 하게 만들었기 때문이다.

어린 시절 아버지는 가우디에게 기계가 인간의 손을 대신해서 물건을 만들어 낼 것이고, 대장간이나 대장장이는 사라지게 될 것이라고 했다. 그때는 아버지의 생각이 일리가 있다고 생각했다. 그러나 나이가 들면서 가우디의 생각은 달라졌다.

'아무리 기계가 대단해도 인간의 손을 대신할 수는 없다.'

섬세한 작품을 만들기 위해서는 아무래도 인간의 손이 필요했다. 단순히 규격에 맞는 제품을 여러 개 만들기 위해서라면 기계의 힘을 빌리는 것이 효율적이다. 그런 일을 하던 대장장이의 수는 줄어들 것이다. 하지만 인간의 뜻이 담긴 작품을 만들기 위해서는 고민을 해야 한다. 그러나 기계는 고민 없이 그저 같은 물건을 찍어 낼 뿐이다. 어떻게 더 아름다운 것을 만들 수 있을까? 그런 고민들이 기술자들을 예술가로 거듭나게 할 수 있다고 가우디는 생각했다.

가우디만큼 질문을 퍼붓고 까다로우며, 재촉이 심한 고객은 없었다. 하지만 바디아 형제는 그를 싫어할 수 없었다. 가우디와 함께 일하며 바디아 형제는 단순한 기술자가 아니라 예술가로 거듭나게 되었기 때문이다. 가우디의 열정적인 모습은 그들에게 좋은 자극도 되었다. 오뇨소는 친구들에게 이렇게 말하곤 했다.

"가우디와 일하다 보면 영향을 안 받을 수 없어. 그는 아이디어로 가득 찬 바다 같은 사람이야. 옆에 있기만 해도 넘쳐난 그의 생각이 우리에게 옮겨 오거든."

가우디에게는 의사 친구도 있었다. 의사 산탈로와 가우디는 이야기가 잘 통하는 이웃사촌이었다. 매주 일요일 1시 30분이면 식사를 끝마친 산탈로는 이웃에 있는 가우디의 집을 방문했고 둘은 건축, 예술, 종교에 대한 대화를 나누곤 했다. 그러나 가우디는 의사 친구의 의학적인 충고는 잘 듣지 않았다.

"약이나 병원은 소용없어. 건강을 유지하려면 물과 맑은 공기, 산책, 이 셋만 있으면 돼."

또한 가우디는 건강을 위해 절대 고기를 먹지 않는 채식주의자로 유명했다.

가우디의 한 끼 식사 메뉴는 다음과 같았다.

'양상추, 올리브유 몇 방울, 호두, 꿀을 바른 빵과 우유 조금, 많은

양의 물.'

가우디는 식사 전에 괴상한 의식을 치루는 것으로도 유명했다. 손에 물을 부어 씻은 후 말리고 나서 빵 부스러기로 북북 문질러 때를 벗겨 내는 것이었는데, 의식을 마치고 나면 그의 손은 벌겋게 변해 있었다. 가우디는 손의 청결을 무엇보다 중요하게 생각하는 사람이었다. 그는 일을 하는 자신의 손을 기도하는 사람의 손처럼 늘 깨끗하게 유지했다.

가우디는 많이 먹는 것도 싫어했다. 배 속이 꽉 차면 몸이 둔해지고 머리도 잘 돌아가지 않는다는 것이었다.

"위는 반만 채우고 나머지는 신께 드린다."

그것이 가우디의 신조였다. 일이 많을 때면 하루 종일 책상에 앉아 밥도 먹지 않았다. 그런 가우디를 보고 조수들은 수군거렸다.

"혹시, 선생님은 위가 없는 게 아닐까?"

가우디는 오직 밥을 먹기 위해 식탁에 앉는 것을 꺼려했다. 그의 주머니 속에는 늘 비스킷이나 빵이 들어 있었다. 공사 현장을 둘러보거나, 일을 지시할 때 가우디는 다 말라빠진 비스킷을 앞니로 갉아 먹거나 딱딱한 빵을 뜯어 먹었다. 가우디는 이 빵을 사람들에게 나누어 주기도 했는데 돌멩이처럼 단단해진 빵을 받아 든 사람들은 실로 난감해했다.

'버릴 수도 없고, 먹을 수도 없고 어쩐담.'

한번은 출장을 갔다가 식사에 초대를 받은 일이 있었다. 가우디는 마차 안에서 내내 고민했다.

'분명히 나를 환영한다고 온갖 음식들을 준비해 놓았을 텐데, 어떻게 거절하나?'

가우디의 예상대로 식탁 위에는 갖가지 기름진 음식들이 차려져 있었다. 채식주의자인 가우디에게는 맞지 않는 음식들이었다. 가우디는 음식들을 바라보기만 할 뿐 먹지 않았다.

"음식이 마음에 안 드시나요?"

부인의 말에 가우디는 이마에 솟은 땀을 닦아 냈다.

"가우디 선생님, 제가 집에서 직접 만든 것이니 안심하고 드세요."

부인은 가우디 앞에 소시지 접시를 들이밀었다.

"백 퍼센트 돼지고기예요. 다른 것은 아무것도 섞지 않았답니다."

가우디는 기름이 줄줄 흐르는 돼지고기 소시지를 내려다보았다.

"감사합니다, 부인. 그런데 백 퍼센트 돼지고기라는 사실이 제가 먹을 수 없는 이유입니다."

그제야 부인은 가우디가 채식주의자라는 사실을 알았다. 부인은 급히 가우디에게 맞는 음식을 마련해 주었다. 그제야 가우디는 평소처럼 소금도 뿌리지 않은 생야채에 올리브유만 쳐서 먹을 수 있었다.

부인에게 미안한 마음이 들었던 가우디는 식사를 마치자 부엌으로 갔다.

"제가 도와드릴 일은 없나요?"

부인은 디저트로 마토(꿀이 들어간 부드러운 치즈)를 만들고 있었다. 뜨거운 치즈가 단단해지지 않도록 쉴 새 없이 수저로 저어 주어야 했다. 가우디는 옆에서 부인이 마토를 만드는 것을 지켜보았다. 한참을 젓고 나서 부인은 치즈를 그릇 위에 조심스럽게 엎어 놓았다. 완성된 마토는 동그랗고 예쁜 모양을 하고 있었다. 잘 만들어진 노란 지붕과도 닮았다.

가우디의 손이 근질거렸다.

"저도 한번 해 보겠습니다. 지금 걸린 시간의 반만 있으면 충분합니다."

부인은 미심쩍다는 표정으로 가우디에게 그릇과 수저를 건넸다.

가우디는 쉴 새 없이 수저로 치즈를 휘저었다. 그릇 안에서 치즈가 응고되면서 흔들거리자 가우디는 재빨리 그릇을 뒤집었다. 그러나 충분히 저어 주지 않아 미처 굳지 않은 치즈는 바닥으로 흘러내렸다. 식탁과 부엌 바닥이 엉망이 되었다.

"선생님, 제대로 만들기 위해서는 시간이 필요해요. 서두르면 다 망치게 돼요."

가우디는 고개를 숙였다.

"부인, 다음부터는 부인이 마토를 만드시면 가만히 있겠습니다."

마음을 헤아려 짓는 집

1897년 가우디를 찾아온 칼베트 부인은 지상 5층, 지하 1층의 임대 주택을 만들어 달라고 했다. 여러 사람들이 살 공동주택은 만들어 본 적이 없는 가우디에게는 색다른 일거리였다. 가우디는 새로운 일에 도전하는 것을 마다하는 사람이 아니었다. 가우디는 즉시 '카사 칼베트'의 설계를 시작했다.

완성된 설계도는 허가를 받기 위해 시청에 제출되었다. 시청 측에서는 건물의 높이를 문제 삼았다. 시에서 정한 것보다 더 높은 건물을 지을 수는 없으므로 설계를 변경하라는 통지서가 날아왔다. 시청의 명령을 따르자면 건물의 윗부분이 통째로 날아가 버릴 판국이었다.

설계도를 제대로 보지도 않고 규칙만 따지다니. 불끈한 가우디는 설계도를 들고 시청으로 달려갔다.

붉은 머리카락에 허름한 옷을 입은 노인이 화를 내며 종이를 흔들자 건축 담당 직원은 당황했다.

"도대체 무슨 일 때문에 이러십니까?"

가우디는 다짜고짜 설계도부터 들이밀었다. 직원은 설계도를 내려다보았다. 설계도에 그려진 집의 윗부분에 굵게 붉은 줄이 그어져 있었다.

"딱 여기까지만 지으라고? 이 부분을 없애 버리면 건물의 꼴이 얼마나 우스워질지 상상이나 되나?"

가우디는 설계도를 자신의 목 아래로 들이밀었다.

"사람의 키를 정한 법은 없소? 키가 크다고 목을 자르면 어떻게 될 것 같소?"

시청 직원의 등에 식은땀이 흘러내렸다.

"모든 건물의 높이를 똑같이 하라는 우스운 법이 어디 있어? 자네, 높이를 정해 놓고 자라는 나무를 본 적이 있나?"

시청 직원은 설계를 변경하라는 통지서를 다시는 보내지 못했다. 가우디는 설계도대로 건물을 올렸고, 카사 칼베트가 시에서 제정하는 최우수 건축상을 받은 후에는 어떤 규제도 받지 않게 되었다.

돌로 만들어진 우아한 건물 카사 칼베트의 건축주인 칼베트 부인은 옥상에 세워진 십자가를 보더니 가우디에게 물었다.

"저기 있는 저 낚싯바늘 같은 게 뭔가요?"

가우디가 대답했다.

"낚싯바늘이 아니라 십자가입니다, 부인. 낚싯바늘은 물고기를 낚아 올리지만, 십자가는 사람들을 끌어 올리는 일을 하죠."

저택의 입구에는 '환영'을 뜻하는 사이프러스나무와 소유자의 머리글자가 새겨져 있다. 입구 양쪽에는 실패 모양의 독특한 기둥 두 개가 서 있다. 이 기둥은 집주인의 죽은 남편 칼베트 씨가 직물업자였다는 것을 알려 주는 간판 구실을 한다.

현관문을 열고 건물 안으로 들어서면 작은 분수대가 서 있다. 문 앞에 웬 분수대람. 부인이 의아해하자 가우디는 분수대를 만든 까닭을 말해 주었다.

"집 앞에 바로 큰길이 있죠. 여기 드나드는 사람들의 신발에는 먼지가 많이 묻어 있을 겁니다. 더러워진 신발을 여기서 닦고 들어오면 집 안은 훨씬 깨끗해질 겁니다."

여러 사람들이 함께 사는 집은 깔끔하게 유지되기 어렵다. 가우디는 그 점을 고려해 현관 앞에 발을 닦을 수 있는 분수대를 만들어 놓은 것이다.

현관 안쪽에는 무쇠로 만든 엘리베이터가 있다. 가우디는 엘리베이터야말로 공동주택에 반드시 필요한 것이라고 생각했다. 가난했던 학생 시절 관절염이 걸린 다리로 6층까지 오르락내리락했던 뼈아픈 추억이 있었기 때문이다.

엘리베이터 문이 열리자 부인 앞에 숲이 펼쳐졌다. 식물을 주제로 한 조각과 장식이 복도 전체를 채우고 있다. 나무와 바위 장식이 줄지어 서 있는 복도를 걸어가니 숲 속으로 걸어 들어가는 것 같다. 계단 끝의 과일 바구니 조각 속에서 비둘기 한 쌍이 졸고 있다. 다정한 두 마리의 비둘기는 죽은 칼베트 씨와 부인을 나타낸다.

"죽은 내 남편은 꽃과 나무를 참 좋아했지요."

부인의 말을 들은 가우디는 카사 칼베트를 식물의 낙원으로 꾸미기로 결심했고, 저택 곳곳에는 나무와 풀들을 옮겨 놓았던 것이다. 숲 속을 닮은 복도 끝에는 발코니가 있고, 거기에는 화려한 장식의 돌 화분들이 매달려 있다.

"아무리 뛰어난 꽃 조각도 진짜 꽃보다 나을 순 없지요. 이렇게 화분이 있으면 세 든 사람들이 화초를 기르겠죠. 그럼 돌로 만든 건물 곳곳이 초록빛을 띠게 될 겁니다."

부인은 감탄했다. 무엇 하나 그냥 만든 것이 없구나. 그러나 화분보다 부인을 더 감동시킨 것은 발코니 난간의 조각이었다.

구불구불한 발코니의 난간에는 버섯들이 새겨져 있다. 부인은 버섯 조각들을 하나하나 들여다보았다.

시커먼 트럼펫 같은 뿔나팔버섯, 날렵하게 생긴 닭볏버섯, 곰보

버섯 등 갖가지 버섯들이 난간에 새겨져 있었다. 죽은 칼베트 씨가 가장 좋아하던 식물은 바로 버섯이었다. 부인은 난간을 보며 죽은 남편을 떠올릴 수 있었다. 남편은 죽었지만 그가 좋아하던 식물들은 그녀 곁에 남아 있었다.

바르셀로나 시내에 카사 칼베트를 완성하고 가우디는 시외로 나가게 되었다. 이번에 지을 저택은 들판에 있었다. 저택의 이름인 '벨예스구아르드'는 우리말로 '아름다운 전망'이란 뜻이다. 이름 그대로 사방이 시원하게 보이는 언덕에 서 있는 저택 주변에는 푸른 들판이 펼쳐져 있었고, 발코니 밖으로 바르셀로나 시내가 한눈에 내다보였다. 이런 아름다운 풍경과 더불어 가우디를 설레게 한 것은 이 저택에 얽힌 역사 속 슬픈 이야기였다.

원래 이곳은 카탈루냐 초대 왕이던 마르티 1세의 소유지였다. 왕은 이곳 벨레스구아드르에서 사랑스런 왕비와 결혼식을 올렸고, 아름다운 풍경 속에서 둘은 행복했다. 그러나 행복은 길지 않았다. 결혼한 지 6개월 만에 왕이 세상을 떠났던 것이다. 이 저택에 홀로 남겨진 왕비에게는 창밖으로 내다보이는 아름다운 풍경도 눈물로 흐려져 잘 보이지 않게 되었다. 슬픔을 이기지 못한 왕비는 수도원으로 들어가 다시는 세상 밖으로 나오지 않았다.

벨레스구아드르는 이처럼 역사적인 추억을 간직한 곳이었다. 저택의 새 주인은 단순하고 평범한 저택을 지어 달라고 했지만 역사 속 왕의 궁전을 되살리고 싶다는 의욕에 불타오른 가우디는 마르티 1세가 통치하던 시절에 유행하던 건축 양식대로 저택을 복구하기로 결심했다.

가우디는 우선 남아 있는 성벽 중 일부만 복구했다. 돌무더기만 남아 있는 탑을 다시 쌓아 올리고 탑 위에는 카탈루냐 왕을 상징하는 문장과 왕관을 새겼다. 탑의 꼭대기에는 동서남북을 가리키는 네 개의 팔이 달린 십자가가 세워졌다. 탑 안에는 계단과 통로가 만들어졌다. 계단은 좁디좁아 뚱뚱한 사람은 올라가기도 버거울 정도로, 그 계단 끝에는 옥상 전망대가 있다.

좁고 어두운 계단 끝에서 만나는 탁 트인 풍경은 탄성을 자아낸다. 이곳은 마르티 왕 시절에 있었던 전망대를 재현한 것이다. 옥상에서 내려다본 경치는 그 옛날 왕과 왕비가 보던 것과 다를 바 없다. 가우디가 재현하고 싶었던 것은 왕과 왕비가 보았던 바로 그 풍경이었던 것이다.

저택 창문에는 초록색과 보라색 별이 그려진 색깔 유리가 끼워져 있다. 창문은 사랑의 신 비너스를 상징하는 샛별이 빛나는 서쪽을 향해 있다. 별이 뜨면 창문은 초록색과 보라색으로 빛난다. 왕의 결혼식은 샛별이 뜨는 저녁 무렵 시작되었다. 창문의 별은 반짝이며 이곳에서 치러진 왕과 왕비의 결혼식을 떠올리게 한다.

역사적인 건축물을 복원하는 것은 단순히 그때 모습을 되살리는 데 그치는 것이 아니다. 그 시절을 떠올리게 하는 풍경과 그때 살았던 사람들의 마음까지 되살리는 작업이다. 옥상 전망대는 왕과 왕비가 보았던 풍경을 그대로 되살려 주고, 창문의 별은 이곳에서 거행된 사랑하는 두 사람의 결혼식을 떠올리게 한다. 겉모습뿐만 아니라 정신을 되살리는 작업 그것이 복원이라고 가우디는 생각했던 것이다. 그런 가우디의 뜻대로 벨예스구아르드는 역사가 살아 있는 유서 깊은 저택으로 되살아났다.

나무 한 그루

가우디는 여러 채의 독특하고 아름다운 건물로 명성을 얻었다. 그의 후원자 구엘의 사업도 성공을 거듭하고 있었고, 사업가인 구엘은 자신의 뜻이 담긴 노동자 단지를 만들 계획까지 세우게 되었다.

산업혁명 이후 공장 주변에는 노동자들이 사는 마을들이 생겨났지만, 필요에 의해 급히 만들어진 집들이라 초라하기 짝이 없었다. 그런 집들은 위생과도 거리가 멀어, 사람들은 갖가지 병에 시달렸다. 제대로 된 노동자 단지를 만들고 싶었던 구엘은 바르셀로나에서 멀지 않은 곳의 땅을 사들이고 가우디를 불렀다.

"질병과 폭력에서 멀리 떨어진 노동자 마을을 만들어 보세."

가우디는 구엘의 뜻을 받아들였다. 이미 마타로 노동 단지 일을 해 본 터라 자신이 있었다. 규모가 큰 공사였기에 일을 나눌 수밖에 없었다. 조수들은 노동자들을 위한 주택과 사교 클럽, 학교를 짓고, 가우디는 노동자를 위한 성당을 짓기로 했다.

가우디가 성당 자리로 정한 곳은 소나무 숲에 둘러싸인 언덕 위였다. 그곳에 서면 노동자 단지와 바르셀로나 시내가 한눈에 내려다보였다. 가우디는 먼저 소나무 숲 가운데 '건축 실험실'이란 이름을 붙인 오두막부터 만들었다. 그 오두막에서 성당을 만들기 위한 건축 실험이 행해졌다. 지금까지 아무도 시도하지 않은 방법으로 가우디는 성당 설계를 시작했다.

가우디와 조수들은 오두막의 천장에 구멍을 뚫었다. 그 구멍으로 쇠사슬들이 늘어졌고, 그 쇠사슬 끝에는 총알이 든 주머니를 실로 매달아 놓았다. 며칠이 지나자 오두막 안에는 쇠사슬과 수백 가닥의 실이 늘어뜨려졌다. 쇠사슬을 건드리면 거기 매달린 주머니가 흔들렸다. 움직이던 주머니들이 균형을 잡고 움직임을 멈춘 상태를 보고 가우디는 실제의 건축물을 어떻게 만들지를 궁리했다. 길이가 다른 실로 만들어진 모형은 물구나무를 서서 보면 건축물의 윤곽과도 같았다. 그 윤곽을 종이에 옮겨 그리면 성당을 설계하는 일은 좀 더 수월해졌다. 이런 모형을 만듦으로써 가우디는 실제 현장에서 일어날 수 있는 실수를 최대한 줄이려고 했던 것이다.

오두막 안에 쳐진 거대한 거미줄 같은 모형은 그 속에 들어간 사람들을 옴짝달싹도 못하게 만들었다. 한 번 움직일 때마다 몇 가닥의 실을 건드릴 수밖에 없었고, 기둥 하나의 설계를 바꾸기 위해서는 전체 실을 움직여야 했다. 모형을 만드는 데 많은 시간이 걸릴 수밖에 없었다.

게다가 완성된 모형 전체를 다시 만들어야 하는 사건까지 발생했다. 가우디의 조수 중에 순대를 좋아하는 사람이 있었다. 그는 별 생각 없이 순대를 먹으며 실을 만져 실에는 돼지고기 냄새가 배어 들어 갔다. 밤이 되자 오두막으로 기어들어 온 쥐들은 돼지고기 냄새가 나는 실을 모조리 갉아먹어 버렸다. 아침에 오두막 문을 연 가우디는 엉기고 끊어진 모형을 보고 놀랄 수밖에 없었다. 모형을 처음부터 다시 만들어야 한다는 사실을 알게 된 조수들의 놀라움에는 비할 바가 아니었지만 말이다.

오랜 시간이 걸려 마침내 모형이 완성되었지만 그것의 사진을 찍는 것도 만만찮은 일이었다. 오두막 안은 실과 주머니로 만들어진 모형으로 꽉 차 있었기 때문에 그것들을 건드리지 않고 사진을 찍는 것은 불가능했다. 사진 기사가 아무리 몸을 움츠려도 실을 한 가닥도 건드리지 않을 수는 없었다. 모형을 고생 끝에 만들었지만 막상 그것을 이용하기 위해 사진을 찍을 수 없다니 답답한 노릇이었다.

고민하던 가우디는 자신만의 해결책을 제시했다.

“벽을 부숴 버려.”

“예? 벽을 부수라고요?”

조수들이 망설이자 가우디는 직접 도끼를 들고 나무 벽을 부수기 시작했다. 다들 가우디가 미쳤다고 생각했다.

‘애써 만든 모형이 쓸모없어졌으니 그럴 만도 하지.’

조수들은 멀찌감치 떨어져 가우디가 도끼질하는 것을 바라보기만 했다. 도끼질이 계속되자 한쪽 벽이 허물어졌다. 벽이 사라지면서 오두막 안쪽에 설치된 모형이 서서히 모습을 드러냈다. 그제야 조수들은 가우디가 도끼질하는 이유를 알게 되었다. 벽을 없애면 굳이 오두막 안에 들어가지 않아도 사진을 찍을 수 있다. 조수들은 가우디를 도와 오두막 벽을 뜯어냈고, 벽이 사라지자 모형의 모습이 완전히 드러났다.

“내친 김에 다른 쪽 벽도 없애자구.”

다른 쪽에서 본 사진을 얻기 위해서 가우디와 조수들은 반대쪽 벽도 무너뜨렸다. 건축 실험실의 두 벽이 순식간에 사라져 버렸지만 훌륭한 모형 사진을 얻게 된 가우디는 만족스러워했다.

완벽한 모형이 준비되자 공사는 빠른 속도로 진행되었다. 공사가 진행되던 어느 날 가우디는 공사 담당자인 조수를 불렀다. 계단 작업을 하기 위해 소나무를 베어 내는 일이 막 시작되려는 찰나였다.

“고작 나무 한 그루 때문에 설계를 바꾸자고요?”

조수는 어처구니없어했다. 설계를 바꾸자면 일이 더 복잡해진다. 나무 한 그루를 베어 내지 않기 위해 설계를 바꾸자는 가우디의 말을 그대로 받아들일 수는 없는 노릇이었다. 조수가 고집을 부리자, 가우디는 그를 베어 낼 나무 쪽으로 데려갔다.

"보게. 참으로 아름답지 않나?"

조수는 가우디를 따라 소나무를 올려다보았다. 소나무 향이 사방에서 은은하게 풍기고 있었다. 나무 사이로 빛이 비춰 들어오고, 새들의 날갯짓에 줄기가 흔들리는 것이 보였다.

"나는 숲을 거닐 때마다 친구를 만나러 오는 기분이야. 이 나무야말로 언제나 같은 자리에서 날 기다려 주는 친구와도 같네."

가우디는 나무를 올려다보며 말했다.

"계단은 3주면 만들 수는 있어. 하지만 이렇게 아름다운 나무가 자라기 위해서는 족히 이십 년이란 세월이 필요해."

가우디는 누군가 당신의 건축 철학이 무어냐고 물으면 '나무 한 그루'라고 대답하곤 했다. 땅속에 단단히 박힌 뿌리와 줄기, 하늘로 뻗어나간 가지, 햇빛을 잘 받기 위해 펼쳐진 잎사귀. 가우디에게 한 그루의 나무만큼 아름다운 건축물은 없었다.

"인간은 끊임없이 창조한다고들 한다. 그러나 그것은 창조가 아니라 발견일 뿐이다. 예술가는 작품을 만드는 데 도움이 될 자연을 찾아내어 창조주와 협력하는 것뿐이다."

지하 납골당으로 향하는 구불구불한 길은 소나무 숲과 이어져 있다. 계단을 내려가면 땅속에서 또 다른 소나무 숲을 만날 수 있다. 바닥은 숲에서 떨어진 낙엽의 빛깔, 벽은 소나무 줄기의 색깔, 벽에 붙여진 녹색 타일은 소나무 잎 빛깔이다. 초록색, 보라색, 파란색의 유리창이 숲 위에 펼쳐진 푸른 하늘을 연상케 한다. 기둥들은 똑바로 줄지어 있지 않고, 소나무 줄기처럼 삐뚤삐뚤 세워져 있다. 돌 그대로의 모습을 띠고 있는 다듬지 않은 돌기둥들은 소나무 껍질처럼 울퉁불퉁하다. 납골당은 땅속의 소나무 숲이다. 가우디는 소나무 숲을 닮은 납골당을 만든 것이다.

가우디는 인간은 신이 만든 자연 속에서 신이 있다는 것을 깨달을 수 있다고 생각했다. 자연을 닮은 구엘 성당의 납골당에는 그의 그런 생각이 잘 드러나 있다. 평화로운 노동자 마을, 그 속의 아름다운 성당에서 차분하게 자신을 돌아볼 시간을 가진 사람들, 그들의 힘이 드러나는 사건이 얼마 지나지 않아 발생하게 된다.

구엘 공장에서 일하던 청년 노동자가 실수로 황산이 든 통에 빠지게 되었다. 다리의 살은 다 타들어 가 버렸고, 의사는 다리를 잘라 내야 한다고 했다. 그 소식을 들은 성당의 신부와 수도사, 노동자들은 피부 이식을 위해 마취도 없이 자신들의 피부를 내놓았다. 그들의 희생 덕에 청년은 다리를 잃지 않게 되었다. 동료와 이웃을 구하려는 놀라운 희생정신이었다.

바르셀로나, 예술 작품이 되다

구엘 공원, 땅으로 내려온 천국

영국 여행을 마치고 돌아온 구엘은 가우디에게 거기서 본 공원이 얼마나 아름다웠는지 이야기해 주었다.

"그 공원이야말로 인간이 만든 천국이야."

구엘은 바르셀로나에도 그런 영국식 공원을 만들고 싶다고 했다.

"공원 안에 집을 세우면 그 집에 사는 사람들은 늘 자연을 접할 수 있을 거야."

신화를 좋아하는 사람답게 구엘은 아폴론이 사악한 용과 뱀을 죽여 땅에 묻은 자리를 기념하는 신전을 본떠 공원을 만들자고 했다.

구엘은 문타나 벨라다(벌거벗은 산)에 있는 농원을 사들였고, 가우디는 또다시 부지를 답사하러 갔다. 벌거벗은 산이란 이름대로 공원이 세워질 곳은 황량하여 전원주택이나 공원을 짓기에 적합한 장소는 아니었다. 산꼭대기였고 지형 또한 험난했다. 그렇다고 포기할 가우디가 아니었다.

산에 건물을 지으려면 산을 깎아 내고, 계곡과 시냇물을 메우는 것으로 공사가 시작된다. 산과 시냇물을 모두 없애고 땅을 평평하게 만들어야 공사가 쉬워지는 것이다.

'공원을 위해 산을 깎고, 계곡을 없앨 수는 없다.'

그러고 싶지 않다면 다른 방법을 찾아야만 했다. 가우디는 산을 깎는 대신 산을 따라 올라가는 도로를 냈고, 계곡을 메우는 대신 그 위를 건너갈 수 있는 다리를 만들었다. 그는 자연을 최대한 훼손시키지 않는 방법으로 공사를 진행시켰던 것이다.

땅을 파다 지하 동굴이 발견되자 가우디는 그 동굴도 공원의 일부에 포함시켰다. 동굴 속의 코뿔소의 뼈, 거대한 거북의 등딱지, 사슴과 다른 동물들의 화석들은 훌륭한 장식물이 되었다. 공원 주변에는 소나무, 떡갈나무, 야자나무, 로즈마리, 백리향, 재스민 등 나무도 빽빽이 심겨졌다.

저녁 무렵 나무로 둘러싸인 구불구불한 산책길을 올라가면 구엘 공원의 모습이 나타난다. 저무는 햇빛을 받은 타일 지붕이 저 멀리서 반짝인다.

한 쌍의 영양 모형이 붙어 있는 대문 앞에 서면 버섯 모양의 지붕 두 개가 눈에 띈다. 색색 타일들이 삐뚤삐뚤하게 붙여진 버섯 집 두 채는 숲 속을 헤매던 헨젤과 그레텔이 발견한 과자로 만든 집처럼 보인다. 동화 속에서나 나올 법한 알록달록한 이 건물들을 본 어떤 부인은, "가우디 선생이 여기다 짓궂은 장난을 치셨네요" 하고 깔깔댔다.

그러자 가우디는 심각한 얼굴로 건물 위에 있는 십자가를 가리키며 말했다.

"부인, 저는 십자가가 있는 곳에서는 짓궂은 장난 따윈 하지 않습니다."

언뜻 보면 아무렇게나 붙여진 것처럼 보이지만, 타일 한 조각 한 조각은 모두 가우디의 지시 아래 조심스럽게 붙여진 것이다. 가우디는 인부들 곁에 앉아 타일을 어디에 어떻게 붙일지 정해 주었고, 마음에 들지 않으면 붙였던 타일들을 모조리 떼어 내라고 했다.

공원으로 올라가는 두 갈래 계단에도 층층이 타일이 붙어 있다. 공원 전체에 사용된 타일의 양은 엄청났다. 가우디는 인부들이나 조수들에게 길거리에서 깨진 타일을 보면 꼭 주워 오라고 신신당부를 했다. 공사에 참여한 모든 사람들은 땅바닥만 내려다보며 걸어 다녀야 했다.

타일이 잔뜩 붙은 계단 아래에는 돌로 만든 샘이 있다. 물줄기를 따라 계단을 올라가면 불 대신 물을 뿜는 용이 보인다. 아폴론이 죽

여 땅에 파묻은 신화 속의 용을 본떠 만들기 위해 가우디는 우선 철 망으로 용의 몸통을 엮었다. 하지만 다 만들고 보니, 뼈대가 될 용의 몸통은 너무 둥글고 통통했다.

"용이 아니라 돼지 몸통 같다."

한참 그것을 들여다보던 가우디는 용의 몸통 위로 뛰어 올라갔다. 인부들은 가우디가 그동안 만들어 온 용의 몸통을 부숴 버리는 게 아닌지 걱정을 했다. 그렇다면 철망으로 몸통을 다시 만들어야 한다. 저 고집쟁이는 도무지 쉽게 한 번에 가는 법이 없으니 어쩌나.

'좀 뚱뚱한 짧은 용이라고 생각하면 안 되나?'

가우디는 수염을 휘날리며 용의 철망 몸통 위에서 펄쩍펄쩍 뛰기 시작했다. 건축가의 이마에서 땀이 흘러 내렸고, 그의 발아래서 용의 몸통은 차차 납작해졌다. 뜀뛰기를 끝내자 철망은 용의 몸통처럼 납작하고 긴 모양으로 바뀌었다.

"이제야 좀 용 같네."

인부들이 보기에도 철망으로 만든 용은 그럴듯해 보였다. 인부들이 완성된 철망 안에 돌멩이를 박아 넣고, 가우디가 철망 위에 타일로 무늬를 만들어 넣자 철망은 구엘 공원의 유명한 물 뿜는 용이 되어 샘 위에 놓여졌다.

계단 꼭대기에 올라서면 돌로 만든 구슬들 사이로 뱀처럼 구불구불한 산책로가 뻗어 있다. 이 산책길은 광장과 연결되어 있다. 구불구불한 광장을 감싸는 벤치들은 공원과 산을 구분하는 담장 역할을 하고 있다. 이 벤치들은 사람들이 공원에서 만나는 여느 벤치들과는 사뭇 다르다. 사람들이 앉아 쉬게 하는 구실만 하는 것이 아니라 벤치 하나하나가 예술품에 가깝다. 벤치들에는 축제 행렬 때 뿌려지는 색종이 같은 타일이 박혀 있다. 벤치에 박힌 타일들을 들여다보면 숨은그림찾기를 하는 것 같다. 벤치 속에는 깨진 그릇의 파편, 8-9-10이라는 번호가 적힌 타일과 값싼 도자기의 파편, 중국 도자기 인형의 머리까지 숨겨져 있다. 가우디는 인부들이 주워 온 타일을 재활용하여 멋진 예술품을 만든 것이다. 벤치 속에서 발견할 수 있는 것은 그것뿐만이 아니다.

'AIRAM'란 글자가 쓰인 벤치도 있다.

"이게 도대체 어떤 단어죠?"

수수께끼 같은 글자를 보고 고민하던 방문객이 묻자 가우디는 한번 거꾸로 읽어 보라고 했다. 방문객은 단어를 끝에서부터 읽어 갔다. 그렇게 읽고 보니 'MARIA(성모마리아)'란 단어였다.

'이게 무슨 악취미야.'

제대로 써 놓지 왜 이렇게 거꾸로 써서 읽기 힘들게 하나. 방문객은 속으로 툴툴거렸다. 그의 마음을 알기라도 한 듯 가우디는 이렇게 덧붙였다.

"거꾸로 써둔 것은 지상의 인간이 아니라 하늘에서 내려다볼 때

읽기 쉽게 하기 위해서지요."

가우디는 구엘 공원을 신에게 바친 지상의 천국이라고 생각했다. 그는 이렇게 아름다운 공원을 지상의 인간뿐만 아니라 천국의 신에게도 보여 주고 싶어 했던 것이다.

밤에 가로등이 켜지면 벤치의 타일들이 반짝인다. 하늘에는 별이, 땅 위에는 별 같은 타일들이 빛난다. 그곳은 지상에 만들어진 가우디의 꿈속 낙원이었다.

가우디는 아버지, 조카딸과 함께 구엘 공원에 지은 두 채의 집 중 하나로 이사를 했다. 가우디는 자신이 만든 구엘 공원에 파묻혀 살았다. 도시로 나가는 일도 드물었고, 일 때문이 아니라면 사람도 잘 만나지 않았다. 언덕을 지나가는 목동들과 이웃집 소년만이 그의 이야기 동무였다.

가우디는 옆집에 사는 변호사의 아들 알폰소와 친하게 지냈다. 알폰소는 가우디가 도시에 갔다 올 때면 역으로 마중 나갔고, 두 사람은 함께 산책로를 따라 언덕에 올랐다. 둘둘 만 신문을 겨드랑이에 낀 가우디는 알폰소에게 오늘은 누굴 만났는지 공부는 어땠는지 물었다. 알폰소의 대답은 언제나 가우디를 즐겁게 만들었다. 신문기자나 다른 건축가들과의 대화보다 가우디는 알폰소와 이야기를 나누는 것을 즐겼다. 거침이 없는 어린 아이와의 대화는 가우디를 즐겁게 했다.

“그래? 너도 외우는 게 싫어? 나도 그랬다.”

“정말요? 그럼 공부도 못했겠네요.”

“우등생은 아니었지.”

“보기와는 다르시네요. 우리 아버지에게 가서 얘기 좀 해주세요. 머리에 쥐가 날 것 같아요.”

자식이 없었던 가우디는 알폰소를 아들처럼 생각했다. 둘은 일요일이면 함께 바다를 보러 가기도 했다. 두 사람은 구엘 공원의 산책길을 내려가 콜럼버스 기념비가 있는 람블라스 거리까지 산책을 갔다. 함께 걷는 두 사람은 아버지와 아들처럼 보였다.

수평선 너머로 해가 떨어지면 둘은 사탕을 파는 상점에 들르곤 했는데, 상점 앞에서 가우디는 알폰소에게 이렇게 묻곤 했다.

“카탈루냐 사람들은 단것을 좋아하지. 너도 카탈루냐 사람이지?”

상점을 나서는 알폰소의 주머니에는 사탕이 들어 있었다. 세상 사람들은 가우디를 괴팍하고 말수도 없는 사람이라고 생각했다. 보수 세력의 우두머리이자, 앞뒤로 꽉 막힌 고집불통 건축가라고 비난하는 사람들도 많았다. 그러나 알폰소에게 가우디는 푸른 눈의 친절한 아저씨일 뿐이었다.

구엘 공원에서의 생활을 사랑한 가우디는 가족과 함께 이곳에서 언제까지 머물렀으면 좋겠다고 생각했다. 자신이 만든 건축물 속에서 살 수 있다는 것이 그에게는 무엇보다 행복한 일이었다.

그러나 구엘 공원으로 이사 온 지 채 1년이 못 돼 아버지가 돌아가셨다. 가우디는 아버지를 사랑했다. 아버지가 공원을 산책할 때 가우디는 늘 그의 곁을 지키곤 했다. 25년 전 구엘 저택을 건축한 후에 가우디는 번 돈의 전부를 아버지에게 가져다드렸다.

"돈으로 자기 손을 더럽히지 않으려고 아버지 손을 빌리는 거겠지."

비아냥거리는 사람도 있었지만 그건 사실이 아니었다. 가우디는 아버지가 자신의 건축학교 학비를 마련하기 위해 집과 땅을 팔아야 했다는 사실을 잊지 않았다. 아버지는 자신이 가진 모든 것을 가우디에게 주었고, 가우디도 그런 아버지의 은혜를 잊지 않았다. 아들이 건축가 되는 것을 언제나 곁에서 지켜봐 주었고, 힘든 시절 비틀거릴 때면 말없이 그의 손을 잡아 준 아버지였다.

그런 아버지가 죽자 가우디는 더욱 외로워졌다. 이제 구엘 공원의 집에는 가우디와 병을 앓고 있는 조카딸 로사만 남았다. 게다가 외할아버지가 죽자 결핵과 심장병에 시달리던 조카딸 로사의 건강도 더욱 나빠졌다.

술 때문이었다. 어머니를 잃은 세 살 난 딸을 두고 달아난 아버지처럼 로사도 알코올 중독자였던 것이다.

어릴 때부터 돌봐 주었던 외할아버지가 죽자, 로사는 더욱 술에 의지하게 되었다. 그에 비해 독실한 가톨릭 신자였던 가우디는 술이라면 질색했다. 함께 일하는 인부들도 작업 중에는 절대 술을 못 마

시게 했지만 정작 사랑하는 조카딸을 술병에서 떼어 내지 못했다.

"술은 네 병에 독이 된다. 제발 그만 마셔라."

가우디는 애원했지만 로사는 듣지 않았다.

"삼촌, 저는 술을 마셔야만 살 힘이 나요."

세 살 때 어머니가 죽고, 아버지가 자신을 버리고 달아나고, 믿고 의지하던 할아버지까지 죽자, 로사는 걷잡을 수 없이 허물어져 갔다. 가우디는 그런 조카딸의 모습을 지켜보는 것이 괴롭기도 했지만 조카딸이 그렇게 잘못된 길로 빠지는 것을 못마땅해했다. 가우디는 어떤 어려움도 자신의 힘으로 극복한 사람이었기에 의지가 나약한 사람들을 잘 이해하지 못했다.

"너도 슬프겠지. 하지만 꼭 그렇게 스스로를 망쳐야겠니?"

그는 슬픔 때문에 무너지는 사람은 아니었다. 가족의 죽음을 여러 번 겪고 난 후 가우디는 슬픔을 이겨 내는 법을 터득했다. 가우디는 일 속으로 빠져 들어가 슬픔을 잊었다. 일에 몰두하다 보면 슬픈 생각 따위는 할 겨를이 없었다. 형과 어머니가 죽었을 때도 그는 일 속으로 달아났다. 가우디는 로사를 내버려두고, 다시 일 속으로 달아났다. 그렇게 슬픔을 잊기 위해 로사는 술 속으로, 가우디는 일 속으로 빠져 들어갔다.

카사 바트요, 지상에 옮겨진 파도 한 조각

1904년은 가우디가 가장 활발하게 작품 활동을 했던 해였다. 건축물은 물론이고, 다리와 종교 행렬에 쓰일 2미터짜리 깃발을 만드는 일도 맡았다. 그러나 그해에 가우디가 만든 건축물 중 가장 두드러진 것은 '카사 바트요'다.

이름난 사업가 바트요는 18세기에 지어진 허름한 저택을 소유하고 있었다. 이 집이 위치한 거리는 당시 낡은 집들을 무너뜨리고 새 집을 짓는 공사가 한창이었다. 바르셀로나의 유명한 건축가들은 모두 이 거리에서 자신들의 작품들을 세우고 있었다. 우아한 건물, 세련된 건물, 동물 음악대가 조각되어 있는 기발한 건물 등 갖가지 건축물들이 맵시를 뽐내는 거리에서 바트요의 집만 초라하게 남아 있게 되었다. 그나마 같이 낡아 가던 옆집까지 철거를 시작하자 바트요는 낡은 집을 부수고 보다 획기적인 새 집을 지을 결심을 했다. 자신의 집만 흉물스럽게 남아 있는 꼴은 더 이상 볼 수 없어서였다.

"새롭고 세련된 저택을 지을 생각이야."

바트요의 원대한 계획을 들은 그의 친구 밀라는 그 일을 해낼 사람은 가우디밖에 없다고 말했다.

저명한 건축가들의 작품들이 늘어선 거리에 자신의 이름을 걸고 집을 지을 수 있는 것은 가우디에게는 반가운 일이었다. 하지만 오래된 집을 고치는 것은 만만찮은 일이었다. 기본 골격을 해치지 않고 자신의 생각이 반영된 건물을 만드는 것은 새로 만드는 것보다 더 어려웠다.

가우디는 3일 동안 밤을 새며 고민했다.

'어떻게 골격을 유지하며 새로운 건물을 창조해 낼 수 있을까?'

설계도를 펼쳐 놓고 고민을 해도 답은 나오지 않았다. 골치가 아팠던 가우디는 책상에서 벗어나 바람을 쐬러 광장으로 나갔다. 저 밑으로 파도치는 바다가 내려다보였다. 바람은 바다 위에 잔잔한 주름을 만들어 내고 있었다.

'고여 있으면서도 끊임없이 움직이는 바다.'

가우디는 오래된 건물에 이런 움직임을 불어넣고 싶었다.

'어떻게 파도를 건물에 옮겨 놓을 수 있을까?'

책상으로 돌아온 가우디는 딱딱한 건물의 정면에 파도치는 곡선을 그려 넣어 보았다. 근사해 보였다.

'직선을 없애고, 곡선만 남기자.'

자연에는 직선이 없고, 곡선만 있다. 직선은 인간의 것, 곡선은 신의 것이란 생각으로 가우디는 오래된 건물에 파도의 움직임을

옮기기 시작했다.

2년 후 카사 바트요가 완공되었다. 포장을 거두고, 건물의 전면이 공개되자 사람들은 경악했다. 이제까지 볼 수 없었던 새로운 집이었다. 그들 앞에 괴물의 뼈를 박아 넣은 건물이 서 있었다. 사람들은 자신들의 눈앞에 나타난 새로운 건물에 '해골의 집'이란 별명을 붙였다.

'해골의 집'이란 별명대로 저택은 뼈만 남은 용의 몸통과 닮아 있다. 구멍이 숭숭 나 있는 하얀 발코니들은 용의 해골을, 새하얀 기둥은 용의 뼈다귀를, 다락방이 있는 지붕은 용의 등뼈처럼 생겼으며, 지붕의 구불구불한 기와는 용의 지느러미 모양이다. 지붕에 솟아오른 탑은 용의 몸에 박아 넣은 창을 연상케 한다.

용의 뼈대는 빛을 받으면 반짝거린다. 카사 바트요의 지붕은 붉은색에서 푸른색으로 변하는 커다란 원통형 기와로 만들어져 있다. 빛이 닿으면 기와는 신비롭게 반짝이고 두 색이 만나는 지점은 보랏빛으로 변한다. 물결 모양으로 이어진 지붕에는 물고기 모양의 타일이 박혀 있다. 옥상 바닥에는 자잘한 타일이 박혀 있고, 가운데에는 동서남북을 가리키는 진주 빛 십자가가 꽂혀 있다.

건물 안으로 들어가면 만날 수 있는 정원도 아름답다. 정원의 기둥은 가장 아랫부분은 흰색, 올라가면서 회색, 하늘색, 짙은 파랑색의 타일로 덮여 있다. 바다 속으로 들어가면 점점 빛의 양이 줄어든다. 바다 속으로 깊이 들어갈수록 물은 흰색에서 짙은 푸른빛으로 마침내 빛이 모두 사라진 검은색으로 바뀐다. 이 기둥을 올려다보고 있으면 거꾸로 선 바다 속을 들여다보는 듯한 느낌을 받게 된다.

가우디는 매번 햇빛을 잘 받을 수 있는 집을 만들었다. 카사 바트요도 마찬가지다. 거실에는 여러 개의 창문들이 만들어져 있고, 그 창문들을 모두 열면 한쪽 벽 전체가 창문이 된다. 벽 하나가 온전히 창문이 되는 것이다. 그 유리로 만든 벽으로 햇빛이 쏟아져 들어오고 거리의 풍경은 빛 속으로 한눈에 내다보인다.

이 건물은 거리와도 잘 어울렸다. 카사 바트요가 있는 거리에는 유명한 건물들이 많았지만, 각각의 건물이 너무 달라 '뒤죽박죽 거리'라는 불명예스러운 별명이 붙어 있었다. 가우디는 카사 바트요가 주변 건물들 속에 자연스럽게 녹아들어 가기를 원했다. 일단 옆집의 전망을 가리지 않기 위해 건물 꼭대기에 세울 탑의 높이를 낮춰 왼쪽으로 옮겨 놓고, 건물 전체의 키를 옆집에 맞춘 후 그 집 지붕과 이어지게 파도 모양의 지붕을 만들었다. 카사 바트요의 물결치는 지붕은 옆집의 지붕으로 자연스럽게 파도 타기를 하며 이어졌나.

카사 바트요는 보는 이에게 바다를 떠오르게 만든다. 가우디는 설계도에 그린 것처럼 건물의 전면 부분에 파도 같은 주름을 넣었

다. 건물 정면에는 곡선의 발코니가 줄지어 있어 파도가 치는 것처
럼 보인다. 돌에는 갖가지 빛깔의 색유리와 타일이 입혀져 있어 햇
살이 비치면 물결들은 아름답게 반짝인다. 아침 햇살이 비친 바다.
카사 바트요는 지상으로 옮겨진 바다 한 조각과 같다.

도시 속에 우뚝 솟은 산, 카사 밀라

‘역시 가우디다. 대단해.’

카사 바트요를 보고 감탄한 밀라는 서둘러 땅을 사들였다. 멋쟁이 사업가 밀라는 평소에 가우디의 건축물들을 좋아했다. 언젠가는 가우디에게 자신의 집을 지어 달라고 부탁해야지 하고 생각만 하고 있던 밀라는 카사 바트요를 보고 나서 당장 가우디를 찾아갔다. 하지만 밀라의 부인은 남편을 이해할 수 없었다.

‘가우디가 만든 괴상망측한 집들이 뭐가 좋다는 거지?’

가우디가 만든 집들을 싫어하는 사람들도 많았다. 그들은 가우디가 독특한 건물을 짓는 것은 순전히 튀어 보이기 위해서라고 했다. 겉보기에만 화려한 엉터리 재주를 부리는 어릿광대라며 경멸

하는 사람도 있었고, 몇몇 건축가들은 가우디가 세계 건축계의 흐름을 통 모르는 철부지라고 생각했다.

그러나 가우디는 상관하지 않았다. 그들의 말대로 가우디는 고집불통이었다. 남들이 뭐라 하건 자기 뜻대로 건물을 만들었다. '카사 밀라'에는 이런 가우디의 고집이 잘 드러나 있다. 가우디가 마지막으로 만든 저택인 카사 밀라는 그의 자서전과 같다. 가우디는 자신이 평생 쌓아왔던 경험과 꿈을 이곳에 쏟아 부었다.

공사를 맡은 가우디는 밀라가 사들인 땅으로 가 보았다. 도시 계획 지구에 속해 있는 그곳에는 낡은 건물을 부수고 새로운 건물을 짓는 공사들이 벌어지고 있었다. 가우디는 도시 계획 지구에 새로 들어서는 건물들을 찬찬히 살펴보며 돌아다녔다. 낡은 건물이 사라진 자리에는 짓기도 쉽고 공사비도 적게 드는 상자 모양의 건물들만 들어서고 있었다. 그러나 자로 재고, 칼로 잘라 낸 듯한 네모반듯한 건물들은 가우디의 입맛에 맞지 않았다. 직선은 인간의 것, 곡선은 신의 것. 가우디는 다른 집을 만들고 싶었다.

가우디는 카사 밀라의 설계를 시작했다. 원대한 계획만큼 설계도도 큼직했다. 조수인 제도사는 죽을 지경이었다. 거대한 설계도는 책상 전체를 덮고 있었다. 앉은 자리에서 멀리 떨어진 곳을 그리려면 책상 끝까지 가야 했고, 가운데 부분을 그리려면 설계도 위를 기어 다녀야 했다. 제도사는 하루 종일 설계도 위에서 허우적거렸다.

"선생님, 팔이 빠지겠어요."

듣고 보니 그가 투덜거릴 만도 했다.

"이런 방법은 어떻겠나? 일단 책상 가운데 구멍을 뚫어."

"예? 구멍을 뚫어요?"

"그 구멍을 통해 자네는 설계도 한가운데에 설 수 있게 되겠지. 그럼 사방으로 팔을 뻗기도 쉬울 테니 일하기 한결 편할 거야."

가우디의 말대로 하니 일은 훨씬 수월해져 설계 작업은 빠른 시간 안에 마무리되었다. 1906년 2월 가우디가 서명한 설계도가 시에 제출되었고 본격적인 공사에 들어갔다. 걸작이 탄생될 거란 소문에 많은 건축가들이 공사 현장에 견학을 왔다. 공사 현장을 둘러보던 건축가 한 명은 카사 밀라의 설계도를 보고 싶어 했다. 그러나 가우디의 조수 중 누구도 설계도를 본 적이 없다고 했다. 그 건축가는 당장 가우디를 찾아갔다.

"아니, 설계도도 없이 어떻게 집을 짓겠다는 건가? 되는 대로 벽돌만 쌓아 올리면 단가? 이봐, 건축이란 것은……."

건축가의 잘난 체는 끝도 없었다. 할 일이 많았던 가우디는 주머니 속에서 종이 한 장을 꺼냈다. 빵 부스러기가 달라붙은 구겨진 종이 한 상이 건축가의 코앞에서 팔랑거렸다.

"이게 뭔가?"

"바로 선생이 보고 싶어 하던 카사 밀라의 설계도입니다."

그 건축가는 기막히다는 표정을 지었다. 너덜너덜한 종이에는 낙서만 잔뜩 있었다.

"좀 더 자세한 설계도는 제 머릿속에 들어 있어요. 제 머리를 쪼개 보여드릴 수도 없고……, 죄송하네요. 그럼 좋은 하루 되시고 이제 그만 가 보시죠."

건축가의 얼굴이 붉으락푸르락해졌다. 가우디의 명성이 높아지는 만큼 험담도 늘어났다.

'가우디의 주머니는 고객의 이름이 적힌 종이로 꽉 차 있다.'

'가우디는 돈밖에 모른다.'

'그는 미치광이다. 늘 술에 취해 있다.'

'건드리면 미친 듯이 화를 내고 제 뜻대로 안 되면 아무데서나 모자를 집어 던진다.'

그 말에는 사실도 있지만 상당 부분이 가우디를 미워한 사람들에 의해 부풀려진 것들이다. 그러나 가우디는 변명하려고 하지도 않았다. 그는 늘 건축물로만 이야기했다. 모든 것은 카사 밀라가 말해 줄 것이다. 가우디는 귀와 입을 틀어막고 카사 밀라에만 열정적으로 매달렸다.

그의 열정은 인부 한 명을 울게 만들기도 했다. 가우디는 한 인부에게 건물 정면에 쓸 장미 한 송이를 조각하라고 했다. 그 장미는 크리스마스트리의 꼭대기에 달린 별처럼 건물 전체를 상징하게 될 중요한 조각품이었다.

"보통 장미가 아니라 장미의 본질이 깃든 그런 장미를 원하네."

수수께끼를 내는 건가? 그는 가우디의 말을 흘려듣고 장미를 대강 조각했다.

"저건, 절대 내가 원하는 장미가 아니야!"

가우디의 불호령에 인부는 다시 건물 꼭대기로 기어 올라갔다.

"장님이야? 한 번도 장미를 본 적이 없어?"

가우디가 화를 버럭버럭 내자 인부는 울먹였다. 나보고 도대체 어떻게 하라는 거야? 가우디는 인부의 손에서 정을 빼앗아 들고 직접 현관 꼭대기로 기어 올라갔다. 돌 부스러기들이 떨어져 내렸다. 인부가 만들어 놓은 장미가 다듬어졌다. 조각을 마치자 건물 정면에 장미 한 송이가 피어났다. 갓 피어난 장미 한 송이는 돌 속에 얼어붙어 있었다. 인부는 할 말을 잃었다.

가우디의 집념은 인부들을 피곤하게 만들었다. 가우디의 사전에는 '대충대충'이란 단어는 없었다. 그게 자네가 할 수 있는 최선인가? 자네가 만드는 게 뭔지 알기는 아는 거야? 완벽주의자 가우디 밑에서 일하는 것은 쉬운 일이 아니었다.

어느 날 새벽 가우디는 잠든 조수를 흔들어 깨웠다. 곤히 잠들어 있던 조수는 화들짝 놀라 일어났다.

"무슨 일이죠? 무너졌나요? 누가 다쳤나요?"

조수는 새벽 4시에 가우디가 자신을 깨운 것은 분명 카사 밀라에 무슨 큰일이 생겼기 때문이라고 생각했다. 그러나 그것이 아니었다. 가우디는 조수에게 빨리 창밖을 보라고 했다. 조수는 눈을 비비며 창밖을 내다보았다.

"저걸 보게. 해가 뜨고 있어."

산 사이로 해가 떠오르고 있었다. 해야 매일 떠오르는 것인데. 심드렁하게 산을 바라보는 조수 앞에서 가우디는 흥분한 목소리로 말했다.

"잘 봐 두게. 지중해의 태양 빛으로 붉게 물든 산. 저것이 바로 카사 밀라의 모습이야."

가우디는 조수가 졸린 눈으로 창밖을 내다보자 호통을 쳤다.

"자네가 저 모습을 눈에 똑똑히 담아 둘 때까지 나는 매일 새벽 자네를 깨우러 올 걸세."

놀란 조수는 눈을 크게 뜨고 창밖을 내다보았다.

그러나 독불장군인 가우디가 자신의 뜻을 꺾은 적도 있었다. 어느 날 공사 현장을 다니던 가우디가 무쇠 기둥을 만드는 용접공을 보게 되었다.

"이건 설계도에 없는 건데……."

설계도에 따르면 이런 무쇠 기둥은 불필요했다. 그는 기둥을 만들라고 지시한 건축업자 바요를 불렀다. 바요는 무쇠 기둥으로 만든 버팀목이 꼭 필요하다고 주장했다.

"설계도에 없는 것을 제멋대로 덧붙이지 말게."

가우디가 출장을 간 틈을 이용해 바요는 잽싸게 버팀목을 설치해 버렸다. 무쇠 기둥을 본 가우디가 가만있을 턱이 없었다.

"당장 내 작업장에서 나가게."

가우디는 화를 내며 사무실로 돌아갔다. 잠시 후 가우디를 부르러 인부 하나가 헐레벌떡 달려왔다.

"큰일입니다. 현장에서 사고가 났어요."

지붕에서 작업을 하던 인부 하나가 바닥으로 떨어졌던 것이다. 인부는 죽을 뻔했지만 다행히 바요가 만들게 한 버팀목에 걸려 목숨을 건질 수 있었다. 무쇠 기둥이 인부의 목숨을 살린 것이었다.

"사람을 살린 기둥인데 없앨 수는 없지."

가우디는 안도의 한숨을 쉬며 바요를 용서했다. 돌아온 바요는 카사 밀라를 만드는 데 많은 도움이 되었다. 무거운 돌을 끌어 올리는 데 도르래와 추를 이용하자는 아이디어를 낸 것도 바요였다. 골칫거리가 해결되는 것을 본 가우디는 감탄하며 말했다.

"각자가 지닌 재능이 얼마나 대단한지 몰라."

바요는 가우디의 주문에 따라 멀리 떨어진 곳에서 바위를 구해 오기도 했다. 그 바위들은 너무 무거워 보통 기차로 운반하는 것이 불가능했다. 바요는 특별 기차를 이용해 바위들을 싣고 와야 했고,

그가 써야 하는 비용은 점점 늘어났다. 그런 바요의 사정을 아는 누군가가 그에게 물었다.

"이 건물로 돈을 잃고 있지는 않습니까?"

"아니요. 잃은 것은 돈이 아니라, 제 인내심입니다."

바요의 곤경을 알게 된 가우디는 즉시 밀라에게 예산을 늘려 달라고 요청했다.

카사 밀라는 가우디의 열정과 조수들, 여러 사람들의 협력으로 쌓아 올려지고 있었다. 그러나 또다시 시청에서 트집을 잡았다. 거리로 삐져나온 기둥을 자르라는 통지서를 본 가우디는 다음과 같은 답을 보냈다.

"만일 그 기둥이 치즈로 되어 있다면 원하시는 대로 단번에 잘라내겠습니다. 유감스럽게도 제가 확인해 본 결과 그 기둥의 재료는 돌이더군요. 그래도 원하시면 어떻게든 자르지요. 그 대신 잘려나간 부분에 잘린 날짜와 '시청의 명령에 따라 잘려짐'이란 문구를 새겨 넣을 겁니다. 그걸 본 사람들이 무슨 생각을 할까요? 여러분의 처사는 두고두고 전설이 되겠지요."

결국 기둥은 그 자리에 남아 있게 되었다.

1909년 늦은 봄, 현장을 가리고 있던 울타리가 철거되었다. 카사 밀라가 사람들 앞에 모습을 드러냈다.

카사 밀라를 본 사람들은 모두 놀랐다. 드디어 가우디가 사고를 쳤다! 신문에는 다음과 같은 기사들이 실렸다.

"카사 밀라의 대들보는 철도 사고 현장에서 주워온 잔해들로 만들어졌다."

"그 집의 뒤틀리고 주름진 벽은 사람이 아니라 기어 다니는 뱀에게나 어울린다."

카사 밀라는 신문 만화의 주인공으로도 자주 등장했다.

카사 밀라 앞에서 어린 아이가 엄마에게 "여기서 지진이 일어났나요?"라고 묻는 만화나 카사 밀라를 비행기 격납고, 지저분한 동물들이 가득한 동굴로 그려 놓은 만화도 신문 지면을 장식했다.

카사 밀라에는 두 개의 별명이 붙여졌다. 카사 밀라는 산, 그것도 그냥 산이 아니라 용암이 흘러내리는 화산이었다. 건물 전면에 보이는 방들은 용암에서 부풀어 오르는 거품 같았다. 그 방들 때문에 카사 밀라에는 '벌집'이란 별명이 붙었다.

'채석장'이란 별명도 있었다. 건물의 전면에는 다듬어지다 만 듯한 돌들이 드러나 있어서 그렇게 된 것 같다. 건물의 정면은 돌이 튀어나와 있는 절벽 같고, 돌을 캐내는 채석장을 그대로 옮겨온 것도 같다. 그 두 개의 별명대로 도심 속에 난데없이 솟아 오른 산. 그것이 바로 카사 밀라다. 가우디는 어린 시절 보고 자랐던 몬세라트 산을 도시에 옮겨 놓은 것이다.

건물에는 잔잔한 주름이 잡혀 있다. 카사 바트요의 파도를 닮은 주름과는 다르다. 그것은 오랜 세월 바람과 비에 깎이며 서 있는 돌의 주름 같다. 산처럼 솟아오른 건물은 가우디의 일생을 요약한 것이다. 자연 속의 산을 보고 자라 도시 속에 산을 만든 건축가. 그가 바로 가우디였다.

카사 밀라는 그처럼 돌로 만들어진 산이다. 가우디는 돌이 얼마나 아름다운 것인지 알고 있었다. 길거리에 굴러다니는 돌은 별것 아닌 것처럼 보이지만 모두 비바람에 깎인 세월을 감추고 있다. 커다란 바위가 돌멩이가 되는 시간, 가난한 대장장이의 아들이 갖은 어려움을 겪고 건축가가 되는 시간. 그동안 돌은 아무 말도 하지 않는다. 묵묵히 비와 바람을 맞아 가며 둥글어진다. 카사 밀라에는 그런 돌의 마음이 담겨 있다.

카사 밀라의 옥상으로 올라가면 돌로 만들어진 신기한 세상을 만날 수 있다. 옥상에는 마법에 의해 돌로 변한 사람들이 서 있다. 사람 모양의 굴뚝과 환기탑이다. 가우디는 많은 어려움과 싸워 왔던 자신의 삶을 전사의 그것과 똑같다고 생각했다. 돌로 변한 채 잠들어 있는 갑옷을 입은 전사들은 언젠가 마법이 풀리면 카사 밀라 옥상에서 뛰어 내려와 거리를 활보할 것만 같다.

옥상 출입구에는 문패처럼 '아베 마리아, 기쁨으로 가득 찬 천상의 지배자'란 글귀가 새겨져 있다. 옥상 가운데에는 천사 상에 둘러싸인 빈자리가 마련되어 있는데, 그곳에는 성모상이 놓여질 예정이었다. 가우디는 어머니를 떠올리며 옥상을 마리아에게 바칠 장소로 계획했다. 형을 따라 저세상으로 일찍 가 버린 어머니를 가우디는 일생 동안 그리워했다. 고독하게 산 그는 쓸쓸할 때마다 어머니를 보고 싶어 했다. 어머니는 이미 돌아가셨고, 꿈속에서만 흐릿한 모습으로 만나볼 수 있었다. 가우디는 자신의 자서전 격인 카사 밀라의 옥상에 커다란 성모상을 세워두고 어머니 대신 올려다보며 그리움을 달래려고 했다.

건물은 완성되었지만 성모상은 아직 만들어지고 있는 중이었다. 조각가 마니는 작업실에 틀어박혀 사막 어디에서나 보이는 스핑크스처럼 바르셀로나 어디에서나 볼 수 있는 큼지막한 성모상을 만들고 있었다. 가우디는 마니의 작업실에 종종 들러 진행 상태를 확인하곤 했다. 가우디가 작업실 안으로 들어가도 일에 열중한 마니는 인사조차 하지 않았다. 그의 일을 방해하고 싶지 않았던 가우디도 조용히 마니 곁에 서서 그의 작업을 지켜보기만 했다.

마니는 점토에 적신 붓으로 성모상을 문지르고 있었다. 가우디의 옷으로 점토가 튀었다. 일에 몰두해 있는 마니의 다리에 벼룩이 잔뜩 붙어 있었다. 피를 흠뻑 빨아 먹은 벼룩들의 몸은 통통했다. 성모상을 만드느라 정신이 없는 마니는 피가 빨리는지도 모르고 있었다. 그냥 피를 빨리게 내버려 둘 수도 없었다. 하지만 가우디는 벼룩이 있다고 호들갑을 떨면 마니가 민망해 할지도 모른다고 생각했다.

가우디는 작업실 구석에 놓인 빗자루를 들고 왔다. 마니는 가우디가 뭘 하는지도 모른 채 조각에 몰두하고 있었다. 가우디는 빗자루로 마니의 다리를 슬쩍 쓸어 냈다. 벼룩들이 툭툭 떨어졌다. 다리에 붙은 벼룩은 떨어져 나갔지만, 마니의 몸에는 아직 벼룩이 남아 있을 것이었다. 밖으로 나가 살충제를 사온 가우디는 마니의 바지 주머니에 그것을 슬쩍 밀어 넣었다. 마니가 주머니를 뒤지고 있는 동안 가우디는 재빨리 작업장을 빠져나갔다.

일에 몰두하는 마니의 모습을 본 가우디는 만족스러워했다. 성모상은 순조롭게 완성되어 옥상 위에 올려질 것이었다. 바르셀로나 시내를 내려다보는 성모상이 제자리에 놓여야만 비로소 카사 밀라는 완성되는 것이다.

그러나 성모상은 끝내 제자리를 찾지 못하였다. '비극의 주'가 시작되었기 때문이다.

비극의 주

　　20세기 초 바르셀로나는 오래된 성곽 도시에서 가난한 사람들이 들끓는 대도시로 변했다.

　　전쟁의 패배로 스페인은 미국에게 식민지의 대부분을 빼앗겼다. 식민지에서 활동하던 선교사와 군인, 망한 상인들이 조국에 대한 실망감을 안고 바르셀로나로 돌아왔다. 공장주들은 적은 임금으로 그들을 공장 안으로 긁어 들였다.

　　노동 조건과 생활환경은 참혹했다. 고된 일과 적은 임금은 사람들을 궁지에 몰아넣었다. 막다른 길로 내몰렸지만 빠져나갈 도리가 없었다. 출구는 막혀 있었고, 해결책은 보이지 않았다. 정부는 마땅한 해결책 없이 불만을 억누르려고만 했다.

1906년 국가에 반항할 경우 일반 시민도 군사 법정으로 끌려갈 수 있다는 법이 통과되었다. 일반 법정보다 군사 법정의 재판은 엄하고 처벌도 무거웠다. 이 법의 제정을 반대한 카탈루냐 사람들은 정당을 만들고 가우디에게도 참여할 것을 요구했다. 그러나 카사 밀라에 온 정신을 쏟고 있던 가우디는 그 제의를 거절했다.

사태는 점점 심각해져 신혼여행을 떠나는 국왕 알폰소 13세를 암살하려는 사건까지 발생했다. 암살은 실패했고 주모자는 잡혀갔지만 반정부 움직임은 멈추지 않았다. 정부의 감시는 더욱 심해졌고, 경제 상황은 더 나빠졌다. 공장에서 일하던 남자 노동자의 40퍼센트, 여자 노동자의 30퍼센트가 해고되었다. 졸지에 일자리를 잃은 사람들은 주린 배로 거리를 헤매 다녔다. 아이들은 먹을 것을 달라고 어머니의 치맛자락을 잡아당겼지만 찬장은 텅 비어 있었다. 시민들의 불만은 더욱 커졌다.

도대체 이렇게 비참하게 살아야 하는 이유가 뭘까? 세상이 점점 살기 힘든 곳으로 변하는 이유는 뭘까? 스페인의 몰락 원인을 종교에서 찾는 사람들이 생겨났다.

'성직자들은 거짓말만 한다. 하는 일도 없이 자신들의 배만 불리고 있다.'

반성을 하는 종교인들도 있었지만 노동자는 가난하게 살 운명으로 태어났다는 생각을 버리지 않는 성직자들이 더 많았다. 교회와 노동자들 사이는 점점 멀어져 갔다. 스페인 사람들은 더 이상 신을 믿지 않게 되었다. 가톨릭을 중심으로 모였던 사람들은 흩어져 갔다. 그들에게 죽은 후에 가는 천국은 아무 의미가 없었다. 죄를 지으면 지옥에 간다는 경고도 통하지 않았다. 지금 살고 있는 곳이 바로 지옥이었기 때문이었다. 불만은 점점 부풀어 올랐고, 바르셀로나는 언제 터질지 모르는 화약고가 되었다.

1909년 이 화약고에 불을 붙이는 사건이 벌어진다. 그해 스페인의 식민지 모로코에서 반란이 일어났다. 스페인 정부는 반란을 진압하기 위해 카탈루냐의 군대를 파견하기로 결정했다. 카탈루냐 사람들은 모로코 사람들과의 전쟁에 자신들의 목숨을 바치고 싶어 하지 않았다.

'해 준 것이 뭐 있다고 우리를 전쟁터로 몰아넣느냐?'

'돈과 권력은 다 마드리드 놈들이 독차지하고 우리보고는 죽으러 가라는 게 말이 되냐?'

'굶주린 노동자 대신 살찐 성직자들을 전쟁터로 보내라!'

군인들이 항구로 끌려갔다. 아들을 보내는 어머니의 울음소리가 들려왔다. 아이를 업은 여자가 손수건으로 눈시울을 닦아 냈다. 병사들을 실은 배가 모로코로 떠났다. 뱃멀미에 시달리던 신병들이 전쟁터로 내몰렸고 허망하게 죽어 갔다.

7월 25일 일요일 저녁 바르셀로나 광장에 전쟁터에서 죽은 사람들을 추모하며 모래가 뿌려졌다.

"피 값을 내라! 카탈루냐 젊은이들이 억울하게 죽었다. 희생의 대가를 지불하라!"

요구는 받아들여지지 않았고, 경찰은 완강하게 그들 앞을 가로막았다. 지친 군중은 저녁 시간이 되자 하나둘씩 사라졌다. '비극의 주'는 다음 날 새벽 4시에 시작되었다. 후텁지근한 밤, 더위와 슬픔에 지친 사람들은 집 밖으로 쏟아졌다. 거리를 헤매거나 카페에 들어가 있던 사람들의 불만이 모아졌다.

"우리도 가만히 있을 수 없다. 카탈루냐 사람들의 힘을 보여 주자!"

총파업과 대규모 저항이 결정되었다.

다음 날 오전 9시 모든 공장의 기계가 작동을 멈췄다. 공장 안에는 정적이 감돌았다. 일터로 가지 않은 사람들은 거리로 몰려나왔다. 사람들은 골목 입구에 보도블록, 침대 매트리스, 나무 문짝, 돌기둥을 쌓아 올려 정부군의 진격을 막았다. 톱으로 전신주를 잘라 장애물을 만드는 사람도 있었다. 거리와 골목 들은 전쟁터로 변했다. 정부의 뒤늦은 대책은 사람들의 분노를 가라앉히지 못했다.

비극의 주가 시작된 지 이틀째 수도원을 불태우고 성당을 파괴하자는 주장이 나왔다. 수도원 두 곳이 해 지기 전 폭도들에게 넘어갔다. 제단, 오르간, 의자 들이 불타올랐다. 그들에 의해 그동안 숨

거져 왔던 수도원의 비리가 적나라하게 드러났다. 위조지폐를 만드는 기계가 끌려 나왔고, 박제된 수녀의 시신들이 발견되었다. 사람들은 경악했다. 종교의 베일 속에서 이런 잔혹한 일들이 벌어졌다니! 분노한 시민의 손에 두 명의 수도사가 목숨을 잃었다. 바르셀로나 시내는 전쟁터였다. 피비린내와 비명 소리가 끊이지 않았다.

가우디는 늘 그랬듯 아침 일찍 일어나 구엘 공원의 산책길을 걸어 내려갔다. 목적지는 바르셀로나 시내에 있는 카사 밀라였다. 길에서 가우디를 만난 바요는 당장 집으로 돌아가라고 경고했다.

"선생님은 소문도 못 들으셨어요? 이곳에서 얼쩡거리다 언제 죽을지 모른다고요!"

고집불통 가우디는 바요를 뿌리치고 카사 밀라가 있는 그라시아 거리로 향했다. 카사 밀라 앞에 선 가우디는 옆에서 안절부절 못하는 바요를 본 척도 안 하고 꼼꼼하게 건물 전체를 살펴보았다.

"이제 가시죠!"

바요는 가우디의 소매를 잡아끌었다. 그러나 가우디는 바요의 손길을 뿌리치며 이제 성가족 대성당을 보러 가야겠다며 거리로 나섰다. 바요는 사방을 둘러보며 가우디의 뒤를 따랐다. 어디서 폭도들이 나타날지 모르는 상황이었다. 그러나 그런 바요의 심정을 아는지 모르는지 가우디는 성가족 대성당으로 향하는 발걸음을 늦

추지 않았다. 거리는 아수라장이었다. 가게 문은 모두 닫혀 있었고, 거리에는 핏자국이 말라붙어 있었다.

골목 저편에서 총소리가 들려왔다.

"이게 총소린가?"

가우디는 고개만 갸웃거리고 다시 성가족 대성당으로 걸어갔다.

'저러다가 총에 맞아 죽을지도 모르겠다.'

어쩔 수 없이 바요는 가우디 곁에 바짝 따라붙었다.

그리 멀리 떨어지지 않은 거리에서 수녀들의 시체를 짊어진 파업 주도자들이 행진을 하고 있었다. 그들의 목적지는 가우디가 지은 구엘 궁전과 코미야스 가였다. 목적지에 도착한 사람들은 모두가 볼 수 있게 시체를 대문에 걸었다.

"너희 부자들과 성직자들이 한 짓이니 똑똑히 보아 두어라!"

카탈루냐의 거의 모든 부(富)를 장악하고 있는 구엘과 코미야스에 대한 노동자들의 증오는 대단했다. 그들을 위해 저택과 성당을 지은 가우디도 노동자에게는 적이나 다름없었다. 발견되면 어떤 일을 당할지 모르는 상황이었다.

그러나 가우디는 바르셀로나 거리를 가로질러 성가족 대성당의 현장으로 갔다. 성당은 무사했다. 그러나 수위는 언제 폭도들이 들어 닥칠지 모른다고 불안해했다.

구엘 공원으로 돌아온 가우디는 성가족 대성당이 무사하기를 기도했다. 그런 그를 보고 어린 알폰소는 말했다.

"사람들에게 일거리를 주는 성가족 대성당은 절대 파괴되지 않을 거예요."

알폰소의 위로에 가우디는 '신이 너의 말을 들어주었으면……' 하고 쓸쓸한 미소로 답했다.

밤이 되자 가우디는 구엘 공원에 서서 바르셀로나 시내를 내려다보았다. 거리의 건물들은 불타오르고 있었다. 시내에 있는 스물세 개의 교회와 수도원이 파괴되었다. 어린 시절부터 내전과 폭동으로 카탈루냐의 건축 유산이 파괴된 것을 보아 온 가우디는 이런 광경이 낯설지만은 않았다. 그러나 익숙해지지 않는 광경이기도 했다. 건축물이 말없이 무너져 내리고 불타오르는 광경만큼 가우디에게 비극은 없었다.

그는 자신이 만든 건축물들이 서 있는 곳을 짚어 보며 마음속으로 그것들이 무사하기를 기도했다. 가우디에게 자신이 만든 건물들은 가족이나 다름없었다. 그러나 가우디가 그것들을 위해 할 수 있는 일은 없었다. 성직자와 부자들에 대한 폭도들의 증오심에서 건축물을 지킬 수 없었다. 그는 사람들의 분노와 증오심이 건축물을 허물어뜨리는 것을 바라보고 있을 수밖에 없었다. 시내 곳곳에서 불길이 치솟고 있었다. 가우디는 쓸쓸한 얼굴로 집 안으로 들어갔다.

비극의 주 내내 그는 테오도시우스 황제가 쓴 책을 읽었다. 콘스탄티노플로 도주한 황제가 터키 해안에서 소피아 성당이 불타는 것을 지켜본 부분은 몇 번이고 다시 읽었다. 비극은 되풀이되고 있었다. 그는 인간사의 고달픔을 느꼈다. 탐욕과 증오가 불러일으킨 비극은 힘써 만든 건물들을 부수고, 사람의 목숨까지 빼앗아 갔다.

12개의 교회와 40개의 종교 기관이 파괴되고, 120명의 노동자가 살해되는 것으로 비극의 주는 막을 내렸다. 범인들은 체포되었고, 그중 다섯 명이 처형되었다. 카사 밀라와 성가족 대성당은 다행히 파괴의 손길에서 벗어났다. 가우디는 다시 일터로 돌아왔지만 불타는 바르셀로나의 모습은 그의 머릿속에서 떠나지 않았다. 그의 마음속의 비극은 사라지지 않았던 것이다.

그리고 가우디를 더 힘들게 하는 사건까지 일어났다. 가우디는 카사 밀라 옥상에 완성된 성모상을 올려놓을 것을 지시했다. 옥상에 올라간 성모상은 바르셀로나 수평선에 걸터앉아 시내를 내려다보게 될 것이었다. 돌로 만든 거대한 성모상은 가우디에게 어머니를 상징했다. 그는 이 성모상이 상처 입은 바르셀로나를 구석구석 살펴주기를 바랐다.

그러나 건축주 밀라는 옥상에 성모상 세우는 것을 반대했다.

"성모상이라니. 수도원과 성당이 박살 난 걸 아시지 않습니까? 사람들은 카사 밀라를 종교적인 건물로 알고 폭파해 버릴지도 몰라요!"

가우디와 밀라 사이에 다툼이 일어났다. 가우디는 뜻을 굽히지 않았고, 분개한 밀라는 건축비를 지불하지 않겠다고 했다. 건축비 지불 때문에 벌어진 실랑이는 재판정까지 갔고, 그 재판은 7년 동안 계속되었다.

가우디는 3년 동안 카사 밀라에 매달렸다. 그는 정신적, 육체적으로 지쳐 있었다. 의뢰인의 뜻에 따라 건축물을 짓는 일이라면 넌더리가 났다. 가우디는 그들이 자신이 어떤 생각을 하는지 도무지 알아주지 않는다고 생각했다. 그는 카사 밀라를 마지막으로 어떤 의뢰도 받지 않기로 마음먹었다. 이제 그에게 남은 것은 성가족 대성당밖에 없었다.

모두에게 열린 성당을 짓자

가우디는 증오와 분노를 넘어 모두에게 열린 성당을 만들고 싶어 했다. 그의 소망처럼 공사 현장의 풍경은 평화로웠다. 성가족 대성당의 공사 현장은 아이들의 놀이터가 되었다. 공사장 앞에 모여든 아이들은 공사장 근처에서 도마뱀과 벌레들을 잡으며 놀았고, 가우디는 아이들을 보며 어린 시절의 추억에 잠기곤 했다.

가우디는 공사장 주변에 나무를 심었고, 방문자들을 위해 깊은 우물도 팠다. 목동들은 해가 비치면 성당의 벽 안쪽에 양 떼를 숨겼다. 하늘에는 가족들이 날린 연들이 물고기처럼 헤엄쳐 다녔고, 그 덕에 성당 인부들은 아침마다 건물 곳곳에 걸린 연들을 떼어 내는 것으로 하루 일을 시작해야 했다. 무더운 여름날 성가족 대성당 근처로 소풍을 나온 가족들은 석공에게 목을 축일 물을 건네주기도 했다. 성가족 대성당은 완성되기도 전에 지역 주민들의 사랑을 받고 있었다.

축제가 시작되면 더욱 많은 사람들이 성당 근처로 몰려들었다. 성당 위원회는 사람들이 햇볕을 피할 수 있게 돈을 받고 텐트를 빌려 주기도 했다. 성당에서 돈을 받고 텐트를 빌려 주는 것은 옳지 못하다고 생각한 가우디는 사람들이 언제나 마음 편히 머물 수 있는 천막을 직접 설계하기도 했다. 축제 때는 불꽃놀이도 기획했다. 폭죽이 터지면서 검은 하늘에 마리아, 요셉, 예수라는 글자가 오색 불꽃이 되어 하늘을 수놓았다. 아이들의 환호성이 성당 공사 현장에 울려 퍼졌다.

가우디는 공사장에 걸인들과 몸이 불편한 사람들도 불러들였다. 몸을 제대로 움직이지 못하는 소아마비 환자에게 성당 문지기를 맡겼고, 장님 노인에게는 건축 중인 성당과 완성된 성당의 모습이 함께 담긴 엽서를 팔게 했다. 이 노인은 가우디가 공식적으로 금지한 담배와 성냥도 함께 팔았다.

"교회의 품 안보다 더 나은 방패가 있을까?"

힘이 없는 노인들도 성가족 대성당의 일꾼으로 고용되었다. 그들에게는 마실 물을 떠오게 하거나 초를 켜게 하는 등 쉬운 일이 맡겨졌고, 일하는 틈틈이 낮잠을 자는 것도 허락되었다.

한번은 인부 하나가 가우디 몰래 공사장 한구석에 가족들이 먹을 야채를 기르다가 발각이 되었다. 사람들은 가우디가 어떤 불호령을 내릴까 하며 조마조마해했다.

그러나 가우디는 그를 벌주기는커녕 다른 인부들에게도 야채 재배를 권했다.

"낮잠을 자거나 술집에 가는 대신 시간을 쪼개 야채를 기르는 게 더 좋은 일이지."

성당 마당은 초록빛 야채로 채워졌다. 수확 철이 되면 인부들은 그에게 잘 자란 싱싱한 야채를 선물로 주었다. 가우디는 평화 속에서 성가족 대성당을 지어 올렸다.

그러나 지역 주민들의 성금만으로 지어지는 성당은 늘 재정 문제에 부닥치곤 했다. 공사비 때문에 가우디도 흰 수염을 날리며 기금을 모으러 다녀야 했다. 가우디는 매일 저녁 길거리로 나가 성금을 호소했다. 아는 사람, 모르는 사람 가리지 않고 집집마다 찾아가 문을 두드렸다. 자신이 가진 모든 재산을 내놓은 것은 물론이고 누구에게라도 공사비를 보태 줄 것을 간청했다. 허름한 옷을 입고 손을 벌리고 다니는 가우디를 거지라고 피해 다니는 사람도 많았다.

돈 문제도 그랬지만, 공사를 추진하는 사람들의 때 이른 죽음도 성당 공사의 걸림돌이 되었다. 성가족 조합 이사장이던 보카베야가 사망하자 그의 사위가 뒤를 이었으나 그도 몇 달 만에 세상을 떠났고, 빈자리를 그의 부인이 맡았으나 그녀 역시 몇 달 후 죽어 버렸다. 건축 공사가 순조롭게 진행될 리 없었다.

1905년 공사가 중단되었다. 성가족 대성당의 공사가 중단되자 가우디는 눈에 띄게 쇠약해졌다. 망치질 소리가 들리지 않는 공사 현장을 둘러볼 때마다 가우디는 가슴 아파했다.

카사 밀라의 건축비로 인한 재판도 그를 괴롭혔다. 머리가 지끈거렸다. 가우디의 건강 상태는 점점 나빠졌다. 지나친 정신노동은 그를 점점 쇠약하게 만들었다. 감정의 기복이 점점 심해졌고 정신력이 약해졌다.

의사 친구 산탈로가 충고를 했지만 가우디는 이번에도 귀담아듣지 않았다. 눈이 나빠져도 지속적인 운동만으로 시력이 나아질 수 있다며 안경도 쓰지 않은 그가 아무리 친한 친구라지만 의사의 말을 들을 리 없었다. 1910년 그는 식욕을 잃고 고열, 통증, 발진에 시달리게 되었다. 가우디가 걸린 병은 브루셀라병이었다. 그 병은 동물의 젖을 살균하지 않고 마셨을 때 걸린다고 알려져 있다. 가우디는 아침마다 성가족 대성당에서 기르는 염소의 젖을 직접 짜 마셨고, 그것이 화근이 된 것이었다.

즉시 휴식을 취해야 했다. 가우디는 바르셀로나에서 멀리 떨어진 '빅'으로 요양을 갔다. 사계절 내내 서늘한 안개에 덮여 있는 빅은 관절염 환자인 가우디에게는 적절한 요양 장소는 아니었다. 안개가 끼고 날이 흐려지면 뼈마디가 쑤셔 왔다. 그러나 그곳에서 가우디는 일에서 떠나 오래간만에 편히 쉴 수 있었다.

낮에는 박물관에 갔고 주교의 저택에서 점심을 먹고 나면 저녁에는 시내를 산책하거나 그 지방 약사인 빌라 플라나와 더불어 그 도시의 건축물을 둘러보곤 했다. 산책 동무인 약사 빌라 플라나와 가우디는 번번이 다투곤 했다. 그들의 예술에 대한 생각은 너무나 달랐기 때문이었다. 가우디는 심술궂게도 빌라 플라나가 좋아하는 예술가들을 깎아 내렸다.

"렘브란트는 부잣집 거실에나 어울리는 삼류 작품이나 만드는 실내장식가야, 화가가 아니라고. 미켈란젤로? 난 그의 작품을 볼 때마다 쭈글쭈글해진 소시지가 떠올라. 그는 공간이 뭔지도 몰라. 그걸 아는 건 바로 자네 앞에 있는 나지."

빌라 플라나는 가우디만큼 고집이 센 노인을 본 적이 없었다. 약사는 가우디의 고집에 두 손 두 발을 다 들었다.

"그가 독실한 가톨릭 신자라는 건 인정합니다. 하지만 돼지처럼 고집불통이라고요."

가우디는 원체 자신의 일에 대해서는 고집스런 사람이었다. 그의 후원자인 구엘의 손자도 가우디에 대해 "그는 독단적인 예술가였다. 다른 사람이 무엇을 숨기거나 자신의 의견을 반대하면 불같이 화를 냈다"라는 평을 내린 적이 있었고, 그와 친한 신부도 가우디의 고집에 대해 불평하는 사람에게 "당신은 가우디를 죽이거나 아니면 가우디의 말이 옳다고 인정해야 할 것이다"라고 충고한 적이 있었다.

그러나 그가 부린 고집은 자신의 건축에 대해서였다. 터무니없는 고집이 아니라 예술가로서의 자존심 때문이었다. 그러나 빅에 머무르던 시절부터 가우디는 공격적이고 쓸데없는 고집을 부려 다른 사람들을 힘들게 했고 점점 사람들이 대하기 어려운 사람이 되었다.

병 탓인지도 몰랐다. 가우디가 걸린 브루셀라병은 환자에게 심각한 정신적인 동요를 일으키고, 심지어 자살하고 싶다는 생각까지 불러일으킨다. 이 병에 걸린 환자들은 피로감, 현기증, 오한, 관절염 등의 육체적인 괴로움 외에도 집중력 저하, 폭력 충동 등의 정신적인 고통에 시달리곤 한다. 그 당시에는 적절한 치료 방법이 발견되지 않았다. 가우디의 병세는 점점 심해졌다. 가우디는 죽음이 점점 자신 곁으로 다가오고 있다는 것을 느꼈다. 죽음이 찾아오자 그는 더욱 초조해했고 작은 일에도 신경질을 부렸다.

친구의 상태가 심각하다는 것을 알게 된 의사 산탈로는 가우디를 피레네 산맥 근처로 데려갔다.

"평온한 분위기 속에서 천천히 건강을 회복할 수 있을걸세."

산탈로는 가우디에게 관절염의 고통을 잊기 위해서라면 손을 많이 사용하는 금속공예 취미를 가질 것을 당부했다. 이번에는 가우디도 산탈로의 충고를 따랐지만 건강은 날로 악화되었다. 유언장까지 써 두어야 했다.

'드디어 나도 천국의 가족들 곁으로 가는구나.'

침대에 누워 가우디는 자신을 찾아올 죽음을 기다렸다. 그러나 죽음은 그를 데리러 오지 않았다. 아직 죽을 때가 아니었다.

그는 성가족 대성당을 떠올리며 기력을 되찾으려 했다. 그 성당을 완성시키지 않는 한 눈을 감을 수 없다. 가우디는 침대에 누워 어린 시절 어머니의 말을 떠올렸다.

"신이 너를 그렇게 힘들게 세상에 나오게 한 것은 네게 특별히 할 일을 남겨 주셨기 때문이다."

'아직 할 일이 있어서일 거야.'

침대에서 일어난 가우디에게 작은 기쁨이 찾아왔다. 카사 밀라의 소송이 밀린 공사 대금을 지불받는 것으로 끝이 났다. 가우디의 승리였다. 고집을 꺾지 않았던 밀라는 보상금을 내기 위해 카사 밀라까지 저당 잡혀야 했다. 가우디는 그 보상금을 한 푼도 남김없이 종교 단체에 기부했다. 그에게 중요한 것은 돈이 아니라 예술가로서의 자존심이었다.

가우디는 구엘 공원의 집으로 돌아왔다. 로사가 아직 병색이 남아 있는 삼촌을 맞았다. 로사는 눈에 띄게 쇠약해져 있었다.

'로사도 곧 내 곁을 떠날지 모른다.'

가우디의 예감대로 1912년 조카딸 로사가 36세의 나이로 세상을 떠났다. 가우디는 구엘 공원의 집에 홀로 남았다. 이제 이 세상에 그의 가족은 단 한 사람도 남아 있지 않았다.

슬픔에 잠긴 가우디는 바르셀로나를 떠나 마요르카 섬으로 가는 배에 올랐다. 섬으로 들어간 그는 아무도 만나려 하지 않았고 방에만 틀어 박혀 있어 미친 사람 취급을 받았다. 가우디를 데려오려고 구엘이 집 근처 역으로 열두 번이나 마차를 보냈지만 가우디는 문 밖으로 나서지 않았다.

그는 나날이 야위어 갔다. 고무로 끝을 댄 지팡이 없이는 한 걸음도 떼지 못했다. 허약해진 몸은 신발의 무게도 감당하지 못했다. 가우디는 가죽 신발 대신 짚으로 엮은 신발을 신고 다녀야만 했다.

마요르카 섬에 숨은 그에게 알고 지내던 사람들의 죽음 소식이 끝없이 전해졌다. 조수들과 친구들이 차례로 세상을 떠났고, 그의 오른팔이었던 비서도 죽었다. 마지막으로 그의 충실한 후원자였던 구엘마저 세상을 떠났다. 슬픔과 아픈 몸 때문에 가우디는 점점 세상에서 멀어져 갔다.

섬 밖의 세상은 빠른 속도로 변했고, 건축에 대한 사람들의 생각도 바뀌어 갔다. 화려하고 장엄한 건축물이 아니라 청결하고 간결한 건물을 짓는 것이 유행하기 시작했다. 바르셀로나 곳곳에 네모반듯한 건물들이 들어서고 있었다. 젊은 건축가들과 고객들에게 가우디는 잊혀져 갔다. 그는 사람들의 기억 속에서는 이미 죽은 건축가였다.

기뻐하라!

마요르카 섬에 있는 가우디에게 성가족 대성당의 공사가 다시 시작되었다는 소식이 전해졌다. 바르셀로나 고위 성직자들이 성금을 냈고 첨탑들은 하늘을 향해 뻗어 올라가기 시작했다는 것이었다. 그 소식을 들은 가우디는 배를 탔다.

'성가족 대성당이 나를 기다리고 있다.'

친구와 가족을 모두 잃고, 지상에 피붙이 하나 남기지 못한 가우디에게 성가족 대성당은 가족과 다름없었다. 그것을 완성하지 못한 이상 죽을 수 없었다. 완성된 성가족 대성당을 보기 전에는 가우디는 결코 눈을 감을 수 없었다. 가우디는 성가족 대성당에 자신의 남은 인생을 걸기로 마음먹었다.

'성가족 대성당은 나의 마지막 작품이 될 것이다.'

성가족 대성당은 마지막이자 최고의 작품이 되어야만 한다. 가우디는 성가족 대성당을 만들기 위해 그동안 자신이 쌓은 모든 경험들을 쏟아 붓기 시작했다.

성당에 쓰일 조각을 정교하게 만들기 위해 가우디는 모델들부터 찾아 나섰다. 예수나 마리아, 요셉, 성인과 천사의 모델이 되어 줄 사람이 필요했다. 알코올 중독에 걸려 헛것을 보는 수위는 유다 역에 제격이었다. 성가족 대성당의 양치기가 찾아낸 발가락이 여섯 개인 거인은 무고한 사람들을 죽인 로마 백부장의 모델이 되었다. 사람만이 아니었다. 성탄 나무, 병아리, 임신한 마리아를 얹고 며칠을 걸어 지친 나귀도 성당 조각을 위해 필요했다. 아침 산책길에서 발견한 죽은 부엉이는 밤을 상징하는 조각품으로 다시 살아났다. 닭과 칠면조는 마취를 해 석고를 부어 모형을 만들었다. 조수 한 명은 그것들이 들어 있는 그릇을 뒤집다 기절하기도 했다. 털이 군데군데 빠진 채 석고 틀 속에 박혀 있는 죽은 닭을 보고 아무렇지도 않을 사람은 없을 것이다.

구해 온 모델이나 사물은 거울을 사용하여 자세히 관찰했다. 거울을 사용해야 앞모습과 뒷모습을 동시에 볼 수 있다는 생각에서였다. 그러나 이것만으로 만족해하지 않았다. 가우디는 사물의 겉모습뿐만 아니라 안도 들여다보고 싶었다. 엑스레이 촬영을 해 사물의 숨겨진 구조까지 확인했고, 병원에서 특별 허가증을 발급받아 해부 실습에도 참여했다.

한 병원에서 해골을 기증하자 가우디는 그것을 가까이 두고 매일 들여다보았다. 여러 각도에서 사진을 촬영하고, 해골의 연결 구조를 연구한 후 직접 철사로 해골의 뼈를 이어 붙이기도 했다. 이렇게 가우디가 만든 해골 모형은 작업실 귀퉁이에 세워졌다. 너무 으스스하다는 조수들의 말에 가우디는 해골 모형에 옷을 입혀 주었다.

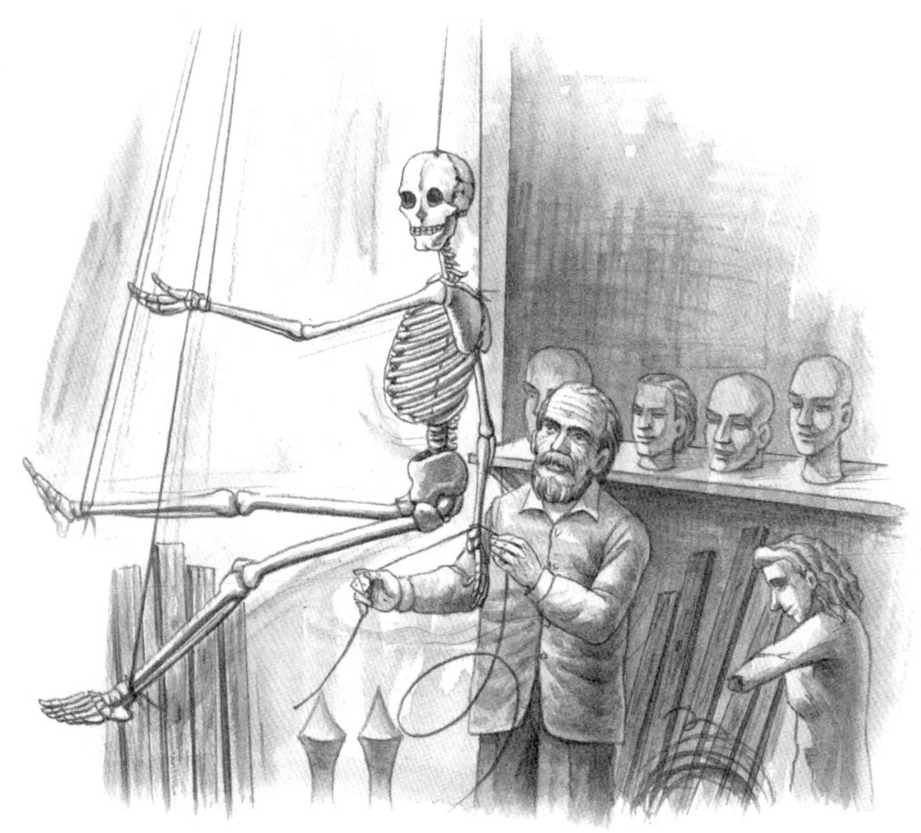

가우디는 그런 연구들을 통해 성당에 쓰일 조각들의 완성도를 높였다. 공사가 중단되어도 실망하지 않았다. 오히려 완벽한 조각품을 만들 시간이 생겼다고 좋아했다. 완성된 조각품은 제자리에 놓일 때까지 많은 과정들을 거쳐야 했다.

우선 석고 모형이 만들어지면 가우디는 그것을 놓을 자리에 먼저 올려놓아 보았다. 바닥에서 본 것과 아래에서 올려다본 것에 차이가 있을지 모른다는 생각 때문이었다. 일단 마음에 들면 작업실로 옮겨 사진 촬영을 했다. 사진을 바탕으로 최종 모형이 만들어지면 가우디는 그것을 다시 제자리에 놓고 살펴보았다. 그가 고개를 끄덕이면 그제야 본격적인 조각 작품 제작이 시작되었다.

가우디는 조각가들에게 석고 모형을 주고 그것과 똑같이 돌에 조각하도록 했다. 조각품 하나 만드는 데 드는 노력과 시간이 엄청났다. 하나를 완성하고 또 다른 것을 만들려면 위의 절차를 또다시 밟아야 했다. 가우디는 그중 어떤 과정도 빼놓지 않았다.

"세상에 실수를 저지르지 않는 사람은 없다. 하지만 실수를 적게 하는 사람은 있다. 그는 모든 것을 체계적으로 반복하는 사람이다. 성과가 나타나는 유일한 길은 반복뿐이다."

1914년 제1차 세계대전이 일어나자 공사비 모금은 더 힘들어졌다. 성당 건립 위원회는 여러 문화 및 종교 단체들에 협조를 호소

했고, 성당 단체 관광을 온 사람들에게 헌금을 받았다. 성당의 완공을 보고 싶어 하는 지역 주민들은 주머니를 털어 기부금을 냈다. 가우디는 아침마다 사람들이 성가족 대성당에 와서 기부금을 낸다는 사실을 자랑스러워했다. 얼마를 내는지는 상관하지 않았다.

"크기를 막론하고 어떤 돌이라도 필요하다."

1921년에 4개의 종루가 모습을 드러냈다.

"기뻐하라!"

하늘로 치솟은 네 개의 종루를 보고 가우디 곁에 서 있던 사람이 중얼거렸다. 그는 적은 보수를 받으며 성가족 대성당에 있는 세 개의 시계에 태엽을 감는 사람이었다. 비가 오나 눈이 오나 365일 쥐꼬리만한 보수를 받으며 일해야 했지만 그는 불평 없이 묵묵히 자기 일만 했다. 완성된 탑을 본 그는 가우디의 손을 잡고 외쳤다.

"완성된 탑을 보고 있는 것만으로 너무 기쁩니다!"

'기쁘다.' 가우디는 이 말에 모든 것이 들어 있다고 생각했다. 다른 건축가들의 찬사나 요란한 신문기사보다 성실하게 자기 일을 해 온 남자의 이 말이 가우디를 더 기쁘게 했다.

"동방박사도 예수의 탄생을 알리는 별을 발견했을 때 기쁘고 기쁘도다, 라고 했다. 기쁘고 기쁘도다. 나도 이 말 외에는 생각나는 것이 없다."

완성된 긴 타원형 종루는 카탈루냐 사람들이 축제 때면 쌓아 올

리는 '인간 탑'과도 닮았다. 9층 높이까지 올라간 적도 있는 인간 탑은 마음과 몸을 맞춰 협동심을 최대한 발휘해야 가능한 것이었다. 카탈루냐 사람들은 인간 탑이 그들의 협동심과 굳센 체력을 보여 준다고 생각하여 자랑스러워했다. 그 탑과 닮았기에 네 개의 종루는 카탈루냐 사람들의 사랑을 더 많이 받았다.

1925년 '예수 탄생'을 그린 첫 번째 십자 파사드(건물의 주된 출입구가 있는 정면 부분)가 완성되었다. 성가족 대성당의 네 개의 파사드 중 가우디가 살아 있을 때 만들어진 유일한 것이었다. 하늘로 솟구치는 불꽃 모양을 한 파사드에 붙어 있는 조각들은 보는 이를 놀라게 했다.

세상 만물이 그 안에 있다. 예수와 요셉, 마리아 세 명의 주인공은 물론이고, 하늘을 나는 새들, 항구에 서 있는 정어리잡이 배, 성탄별, 쌍둥이좌를 비롯한 다른 별자리들과 황소 머리, 해조류, 파충류, 섬게, 말미잘, 도롱뇽, 달팽이, 올리브, 오렌지, 장미, 아몬드 등이 돌에 새겨져 있다. 실로 엄청나다. 조각은 실제 자연물과 똑 닮았고, 크기도 거대해 보는 사람들을 압도한다. 그것을 올려다보고 있으면 인간이란 세상의 작은 부분에 불과하다는 것을 실감할 수 있다.

사람들은 이 거대한 건축물의 규모에 놀랐고, 이것이 완성될 대성당의 일부에 불과하다는 사실에 더 놀랐다.

'과연 완성될 수 있을까?'

성당의 완성에 대해서 가우디는 아무런 의심이 없었다. 그러나 그는 서두르지 않기로 마음먹었다. 그는 자신의 삶이 그리 많이 남아 있지 않다는 것을 실감하고 있었다. 몸은 점점 쇠약해지고 있었다. 눈도 침침해졌고, 예전만큼 기력을 낼 수도 없었다. 바람이라도 불면 온몸의 뼈가 시큰거렸다. 아무리 사랑하는 가족이라도 죽음을 맞으면 헤어져야 한다. 아무리 마무리 짓고 싶은 일이 있더라도 죽음을 맞이하면 그만두어야 한다. 그게 싫다고 일을 서두르면 오히려 성가족 대성당을 망치게 될지도 모른다. 내가 모든 것을 다 할 수는 없다. 지금 이 순간 최선을 다한 것으로 만족해야 한다. 가우디는 그것을 스스로 납득하려고 노력했다. 하느님은 서두르지 않으셨다. 그는 스스로 몇 번이고 다짐을 하곤 했다. 가우디는 〈설계 일지〉에 다음과 같은 글을 남겼다.

1백 년 안에 이 성당을 짓는다는 것은 불가능하다. 우리 세대는 '꼭 짓겠다'는 집념만 보여 주면 된다. 못 다한 일은 다음 세대가 이어받을 것이다. 다음 세대가 마무리 짓지 못하면 그 다음 세대가 계속하면 된다.

이런 가우디의 생각은 예수 탄생 파사드에도 나타나 있다. 요셉, 마리아, 아기 예수의 성가족은 두 개의 야자수 기둥을 얹고 있는 거북 등딱지 위에 서 있다. 야자수를 얹고 있는 거북은 예부터 카탈루냐에서는 '바쁠수록 천천히 하라'는 의미를 나타내었다.

가우디는 서두르지 않았다. 그리고 자신이 꼭 성가족 대성당을 완성해야 한다는 집착도 버렸다. 가우디는 성가족 대성당을 '속죄 성당'이라고 불렀다. 그는 자신이 이제 죽을 것이라는 것을 잘 알고 있었다. 죽기 전에 살면서 자신이 저질렀던 죄를 씻고 깨끗한 몸으로 천국으로 가고 싶어 하는 그에게 성가족 대성당은 하늘로 향하는 계단과도 같았다. 그러나 그 일은 자신만의 것은 아니었다. 그는 성가족 대성당을 후세의 다른 예술가들과 함께 만들고 싶어 했다.

"나에게 점점 죽음의 그림자가 드리워지고 있다. 슬프게도 성가족 대성당을 내 손으로 완성시키지 못할 것이다. 뒤를 이어서 완성시킬 사람들이 나타날 것이고 이러한 과정 속에서 장엄한 건축물로 탄생하리라. 시대와 함께 유능한 예술가들이 자신의 작품을 남기고 사라져 갔다. 그렇게 해서 아름다움은 빛을 발한다."

바르셀로나의 성자가 우리 곁을 떠났다

1925년 가을 가우디는 성가족 대성당의 지하 작업실로 거처를 옮겼다. 이제 성가족 대성당은 그의 일터이자 집이 되었다. 성당 건축에 쓰일 모형들이 천장에 거꾸로 걸려 있는 어두컴컴한 작업실은 박쥐들이 사는 동굴처럼 보였다. 이곳에서 가우디는 인생의 마지막 9개월을 보냈다.

아침 미사, 성가족 대성당 작업, 산책, 취침.

가우디의 하루 일과는 그렇게 정해져 있었다. 일을 마친 오후 5시 30분, 가우디는 성당을 나서서 근처 성당과 교회를 둘러보고 돌아오는 길에 광장의 가판대에서 〈카탈루냐의 소리〉를 사서 밤 10시에 성가족 대성당에 도착했다. 산책로는 매일 똑같았고, 사 오는 신문이나 돌아오는 시간도 바뀐 적이 없었다. 성가족 대성당의 건축가 가우디는 시곗바늘처럼 살았다.

1926년 6월 7일 월요일 5시 30분, 가우디는 평소처럼 산책을 한다면서 성가족 대성당을 나섰다. 입구에서 일꾼을 만난 가우디는 반갑게 인사를 했다.

"빈센트, 내일은 일찍 오게나. 아주 아름다운 일을 할 계획이거든."

그것이 그의 작별인사였다. 가우디가 말한 아름다운 일이 무엇이었는지는 끝내 알 수 없게 된다.

성당을 나선 가우디는 매일 다니던 산책길을 따라 그란비아 사거리에 이르렀다. 며칠 전 친구인 마타말라는 가우디에게 이곳에서 발을 삐었다며 조심하라고 충고를 했다. 그러나 정신이 딴 데 팔려 있던 가우디는 마타말라의 말에 대꾸조차 하지 않았다.

가우디는 가로수가 늘어선 그라비아 거리에 멈춰 섰다. 저 멀리 성가족 대성당의 모습이 보였다. 가로수 옆에 서서 성가족 대성당을 올려다보던 가우디에게 전차 한 대가 달려왔다. 이 거리에는 '붉은 십자가'라고 불리는 30번 전차가 오가고 있었다. 전차 차장은 6시쯤 전차 앞에 사람이 있는 것을 발견하였으나 속도를 줄이지 못했다. 전차 기사의 근무 일지에는 6시 30분쯤 술 취한 부랑자를 치었다는 기록이 남겨져 있다. 전차 기사는 잠시 전차를 멈추고, 차에 치인 노인을 옆으로 치운 후 다음 정거장을 향해 전차를 달렸다.

지나가던 행인들이 그를 일으켜 세웠다. 한쪽 귀에서 피가 흐르고 있었다. 행인 중 누구도 그가 유명한 성가족 대성당의 건축가임을 알아보지 못했다. 가우디는 사진 찍는 것을 싫어해 신문에 그의 사진이 실린 적이 별로 없었다. 건축가 가우디의 이름과 성가족 대성당을 모르는 사람은 없었지만, 정작 그가 어떻게 생겼는지 아는 사람은 거의 없었던 것이다.

행인들이 그를 병원에 옮기려고 택시를 잡으려고 했지만 택시 세 대가 그냥 지나가 버렸다. 거지 꼴을 한 가우디를 보고 택시 기사들은 시트도 더러워지고 요금도 못 받을 거라고 생각했기 때문이었다. 위급한 상황이었지만 병원으로 가는 시간은 자꾸 늦춰졌다. 결국 경찰이 지나가던 택시를 강제로 세웠고 가우디는 산 페드로 병원으로 옮겨졌다. 가우디를 진찰한 의사는 늑골이 부러지고 뇌에 타박상을 입었으며 귀에 출혈이 있다는 진단을 내렸다. 목숨이 위태로웠다.

그 후 가우디를 죽음에 이르게 한 말도 안 되는 일들이 이어졌다. 응급실 간호사들은 휴식 시간이라며 적절한 조치도 취하지 않고 피를 흘리는 환자를 근처의 산타 크루스 병원으로 보내 버렸다. 그곳은 가우디가 해부학 연구를 위해 자주 드나들던 병원이었지만 그를 알아보는 사람은 아무도 없었다. 거지 노인은 안토니오 산디라는 이름으로 입원자 명단에 올랐고, 노숙자나 행려병자들이 모여 있는 공동 입원실로 보내졌다.

밤 10시가 지나도록 가우디가 돌아오지 않자 성당의 수위는 주임 사제 파레스에게 그 사실을 알렸다. 꼬박꼬박 제 시간에 나타나던 사람이 이제까지 돌아오지 않다니……. 주위 사람들은 걱정했고, 수위는 택시를 타고 바르셀로나의 응급실을 돌아다녔다.

수위가 맨 처음 들른 곳은 맨 처음 가우디가 이송되었던 산 페드로 병원이었다. 간호사는 저녁 무렵 차에 치인 거지 하나가 실려 온 것 외에는 다른 환자는 없다고 했다. 그 거지는 이름도 주소도 알 수 없는 행려병자인 것 같다고 했다. 그 말을 들은 수위는 그냥 성당으로 돌아왔고, 사제는 다른 병원으로 향했다. 가던 길에 사제는 가우디의 조수를 만나 동행하게 되었다. 크리니코 병원에 도착한 그들은 부상자 대신 시체 한 구가 실려 왔다는 소식을 듣게 되었다.

"오, 맙소사!"

조수와 사제는 시체를 직접 보고 싶다고 했다. 시체를 덮고 있던 시트가 들춰졌다. 조마조마한 마음으로 시체를 본 그들은 안심했다. 가우디가 아니었다.

그들은 시내에 있는 응급 병원으로 전화를 했다. 산타 크루스 병원의 간호원은 그날 저녁 한 거지가 전차에 치여 응급실로 실려 왔다고 했다.

"이름은 안토니오 산디. 주머니 속에는 성경이 있고, 속옷은 핀으로 고정되어 있었다고 써 있네요.”

가우디였다. 시간은 벌써 자정이 다 되어 있었다.

밤이 깊어서야 그들은 공동 입원실에서 가우디를 발견할 수 있었다. 왼쪽 뺨과 귀는 썩어 들어가 얼굴은 고름과 피로 뒤범벅이 되어 있었다. 의식은 없었다.

‘뇌진탕. 늑골 골절과 두개골 골절 가능성 있음. 다리에는 타박상.’

사제와 조수는 성가족 대성당 관계자들과 가우디의 친구들에게 연락을 했다. 다음 날 가우디는 개인 병실로 옮겨졌다. 의식은 회복했지만 말을 하지는 못했다. 어긋난 갈비뼈를 맞추고 겨우 목숨만 유지하고 있는 상태였다.

가우디의 사고 소식이 바르셀로나 시내에 전해졌다. 신부들과 친구들, 그를 아끼던 사람들로 복도가 가득 찼다. 사람들은 더 좋은 시설이 있는 병원으로 옮기자고 했으나 가우디는 고개를 저었다.

“친구들이 지켜보는 가운데 세상을 떠나고 싶다.”

그의 오른손에는 하얀 손수건에 싼 그리스도의 십자가가 쥐어져 있었다. 가끔 끊어질 듯 이어지는 가우디의 숨소리와 친구들의 울음소리만 병실에서 들려왔다.

‘전 재산을 성가족 대성당에 기부하고, 장례 행렬은 만들지 말 것’이라는 유언이 남겨졌다.

6월 10일 목요일 오후 5시 정각. 안토니 가우디는 74세의 나이로 세상을 떠났다. 바르셀로나의 신문에는 다음과 같은 추모 기사가 실렸다.

'바르셀로나의 한 천재가 우리 곁을 떠났다. 바르셀로나의 한 성자가 우리 곁을 떠났다. 돌마저도 그를 위해 울고 있다.'

그의 뜻과 달리 장례식은 성대하게 치러졌다. 주교는 가우디를 성가족 대성당의 납골당에 묻을 수 있게 해 달라고 교황에게 부탁했다. 건축가가 교회 납골당에, 그것도 자신이 만든 성당 속에 묻히는 경우는 이제까지 없었다. 그러나 주교의 간곡한 청으로 성가족 대성당의 지하 납골당은 가우디의 마지막 집이 될 수 있었다.

금요일 방부 처리된 가우디의 시신에 검은 상복이 입혀졌고, 손에는 묵주가 쥐어졌다. 장례 행렬은 그의 건축물이 있는 거리를 지나갔다. 구엘 저택, 카사 밀라, 카사 칼베트 등 그가 일생 동안 만들었던 건축물들이 그의 마지막 가는 길을 내려다보았다.

장례 행렬은 성가족 대성당 앞에 도착했다. 건축학교 학생들이 관을 매고 납골당으로 들어갔다. 관이 납골당으로 내려가는 동안 미사용 찬송가인 '리베라 메(나를 자유롭게 놓아주세요)'가 울려 퍼졌다.

가우니의 묘 앞에는 벽돌과 돌로 만든 묘비가 세워졌다.

안토니 가우디 코르네트. 레우스 사람. 향년 74세.

모범적인 삶을 보낸 인물이자 대(大)예술가이며 경이로운 작품인 이 성당의 건축가.

1926년 6월 10일, 바르셀로나에서 숨을 거두다.

이 위대한 예술가가 죽음에서 부활하기를 기대한다.

부디 편안하게 잠들기를.

가우디가 죽은 지 3년 후에 그가 구상한 성가족 대성당의 전체 도면이 확정 발표되었다. 그는 죽었지만 성가족 대성당을 어떻게 만들 것인가에 대한 그의 생각은 되살아난 것이었다. 건축 위원회는 가우디의 조수인 도미니크에게 후임을 맡겼고, 그는 세 개의 첨탑을 완공해 냈다. 그리고 가우디의 정신을 이어받은 후대의 건축가들은 지금도 성가족 대성당의 완성을 위해 노력하고 있다.

1884년 착공한 성가족 대성당은 100년이 지난 지금에도 공사 중이다. 언제 완공될지는 아무도 장담할 수 없는 상태다. 그러나 성가족 대성당은 언젠가 완성될 것이고, 가우디의 마지막 꿈은 세상에 모습을 드러낼 것이다. 성당 안으로 가족들이 손을 잡고 들어와 기도를 하고, 그때 창으로 들어온 햇살은 그들의 정수리를 비춰 줄 것이다. 그 모습을 내려다보며, 가우디도 천국에서 가족들과 함께 미소를 지을 것이다.

이 글을 쓰며 나는 한 사람의 탄생에서 죽음까지 함께할 수 있었다. 사람들은 누구나 태어나고 죽는다. 그러나 중요한 것은 그 사이에 있었던 일이다. 그 사이에 했던 일들로 한 인간의 삶의 두께와 가치가 결정되는 것이다. 바르셀로나의 건축가 가우디는 두툼한 사람이다. 그는 단 하나의 꿈에 자신의 모든 것을 바쳤다. 곁눈질을 하지도 않았고, 절망의 순간에서도 일을 놓지 않았다. 어떤 건물도 대강 짓지 않았고, 늘 최선을 다했다. 그런 정열 때문에 가우디의 건축물들은 현재를 사는 우리에게 감동을 줄 수 있는 걸작이 되었다.

배낭여행 길에 가우디의 건축물을 볼 기회가 있었다. 구엘 공원의 벤치들과 카사 밀라의 구불구불한 벽, 카사 칼베트의 불 켜진 창문들을 보는 것은 놀라운 경험이었다.

'세상에, 저걸 인간이 만들었단 말야? 이런 것을 만든 건축가는

신 아니면 외계인일 거야…….'

성가족 대성당 앞의 벤치에 앉아 공사 중인 성당을 올려다보았다. 하늘로 불쑥불쑥 솟아 올라간 첨탑들 사이로 크레인이 천천히 움직이고 있었다. 문득 내가 아는 모든 사람들에게 이 성당을 보여 주고 싶었다. 그것은 한 인간의 꿈이 보여 줄 수 있는 가장 아름다운 결정체였다.

성가족 대성당의 모습이 찍힌 사진은 오래도록 내 책상 앞에 붙어 있었다. 힘든 일이나 슬픈 일이 있으면 나는 그 사진을 들여다보곤 했다. 가만히 성당의 지하 작업실에 홀로 앉아 있는 가우디의 모습이 떠올랐다. 그는 박제 모형들이 매달린 어두운 지하 방 의자에 혼자 앉아 있다. 그러나 성가족 대성당의 완성을 꿈꾸는 그의 얼굴은 환하게 빛나고 있다. 꿈을 꾸는 자는 그 꿈과 언제나 함께하기 때문에 외롭지 않다. 결혼도 하지 않고, 가족들을 자기보다 먼저 저 세상으로 보냈던 외로운 사람 가우디를 그래도 살아가게 한 것은 바로 그의 꿈이었다. 왼쪽 가슴에 심장이 뛰고, 오른쪽 가슴에 꿈을 품고 있는 한 그는 어떤 상황이든 이겨낼 수 있었을 것이다.

어린 시절 병에 걸려 괴로워했던 가우디는 어머니에게 이런 고통을 참으면서까지 살아야 하는 이유를 물었다. 그의 어머니는 어린 아들에게 살아남아 그 답을 직접 찾으라고 했다.

"그러면 삶이 너에게 답을 줄 것이다."

　이 글을 쓰면서 『가우디 : 어머니의 품을 설계한 건축가』와 『가우디 : 환상의 공간』이란 책에서 많은 도움을 받았다. 그 책의 저자 분들에게 고맙다는 인사를 하고 싶다. 성가족 대성당이 완성되는 날 나는 가족들과 함께 다시 바르셀로나에 갈 것이다. 그리고 그의 묘 앞에 꽃 한 송이를 바칠 것이다.

안토니 가우디 연보

1852년	6월 25일 스페인 레우스에서 대장장이 프란시스코 가우디 세라와 안토니아 코르네트 베르트의 아들로 출생
1863년	레우스의 성 프란체스코 수도원인 에스콜라피오스에서 공부를 시작
1869년	바르셀로나 대학 이과대학 준비 과정 시작
1873년	시립 건축학교 입학(여러 산업 단지 관련 프로젝트 수행)
1875년	보병 지원 부대에 입대, 아르바이트로 세계에서 단 한 마리뿐인 흰 고릴라 눈송이가 있는 공원 설계
1876년	9월, 형 프란시스코 사망, 11월, 어머니 안토니아 사망
1877년	졸업 작품으로 대학 강당 설계안을 제출하나 통과되지 못함
1878년	건축가 자격증을 획득하여 칼 거리 11번지 4층에 개업, 바르셀로나 시의 가로등 설계, 파리 만국박람회에 참여한 코메야의 장갑 전시대 완성
1879년	누나 로사의 사망으로 조카딸 로사를 맡게 됨,

유람협회 가입

1881년   마타로 노동 단지 내 노동자 주택 및 창고 설계

1883년   타일로 만든 집 '카사 비센스' 설계,

            돈 많은 독신자를 위한 저택 '엘 카프리초' 설계

1884년   '성가족 대성당' 공식 건축가로 임명됨,

            이후 43년간 성가족 대성당의 공사를 맡게 됨

1886년   평생의 후원자인 구엘의 저택 설계 시공

1887년   아스토리가 주교관 설계

1888년   소녀들을 위한 교육 시설인 '성녀 테레사 학원' 설계 시공

1888~1891년 아스토리가 주교관 건축

1893년   그라우 주교의 죽음과 위원회와의 갈등으로 아스토리가

            주교관의 건축 중단

1894년   40여 일 금식으로 목숨을 잃을 뻔함

1898년   카사 칼베트 건축 시작,

            성 육 가톨릭 예술원 가입,

            구엘 성지 내 소나무 숲에 교회를 설계(지하제실만 완성됨)

1900년   임대 맨션인 '카사 칼베트' 완성,

            아름나운 전망 속의 저택 '벨예스구아르드' 설계 시공,

            유네스코가 지정한 세계 문화유산이 된 '구엘 공원' 설계

1903년   지진으로 붕괴 직전인 마요르카 대성당 보수를 맡음(이 공

사는 10년 이상 지속됨)

1904년   해골의 집 '카사 바트요' 설계

1905년   아버지와 조카딸 로사와 함께 구엘 공원으로 이사

1906년   아버지 프란시스코 사망,

'채석장'이란 별명이 붙은 '카사 밀라' 설계(건축주인 밀라와

의 갈등으로 옥상에 성모상이 올려지지 못한 채 미완)

1911년   브루셀라병에 걸려 피레네 산맥 근처에서 요양(친구이자 의

사인 산탈로 박사 동행)

1912년   조카딸 로사 36세의 나이로 사망(구엘 공원의 집에 혼자 남겨짐)

1918년   모든 의뢰를 거부하고 성가족 대성당에만 집중하기로 결심

1925년   설계도에 있는 4개의 탑 중 '예수 탄생 탑' 완성,

10월 성가족 대성당의 작업실로 이사하여 작업에만 몰두함

1926년   6월 7일 산책을 하다가 '붉은 십자가'란 별명이 붙은 30번

전차에 치임, 6월 10일 오후 5시 사망

선사 시대

알타미라 동굴에서 약 2만 5,000년 전의 것으로 보이는 벽화가 발견됨으로써 그 시기부터 이베리아 반도에서 선사시대의 문명이 시작되었다고 추정된다.

고대 사회

이베리아 반도에는 유럽에서 내려온 켈트족, 북아프리카에서 온 이베로족 등의 원주민들이 살고 있었다. 이곳에 가장 먼저 들어온 타민족은 페니키아인들로, 뛰어난 항해술을 가진 그들은 북부 아프리카와 이베리아 반도 남부 지방의 교역을 장악했다. 뒤이어 들어온 그리스인들은 반도의 동북부를 지배하다가 페니키아에게 주도권을 빼앗은 카르타고와 충돌하게 된다.

로마 정복 시대

3차에 걸친 카르타고와의 포에니전쟁에 승리한 로마는 이베리아 반도를 약 5세기 동안 통치했다. 이 기간 동안 이베리아 반도는 문자, 철학, 종교 등 다양한 분야에서 큰 변화를 겪게 되고, 이베리아 반도는 점차 로마화되었다.

서고트 왕국 시대

서로마제국의 멸망으로 게르만족이 이동을 시작했고, 이베리아 반도를 침략한 서고트족은 톨레도에 수도를 정해 왕국을 세우고 300년간 이베리아 반도를 통치하게 된다. 아리우스교를 신봉했던 고트족과 가톨릭 신자였던 원주민 및 로마인들과의 종교적 갈등이 계속되자, 서고트 왕국의 레카드로 왕은 스스로 가톨릭으로 개종하여 종교적으로 국토를 통일시킨다. 그러나 7세기경 성직자들의 부패, 싸움, 경제적 불안, 페스트 만연 등으로 사회 불안이 가중되고 결국 서고트 왕국은 지중해를 중심으로 세력을 키워온 이슬람족에 의해 멸망하게 된다.

이슬람 정복 시대

이슬람족의 이베리아 반도 지배는 711년부터 기독교인들에 의한 국토재회복 운동이 끝나는 1492년까지 약 8세기 동안 계속되었다. 유대교, 기독교, 이슬람교, 세 종교가 함께 어우러졌던 이 기간에는 수학, 천문학, 역학, 번역술 등이 발전했고 특히 이슬람의 건축술과 장식 기술은 스페인의 건축에 영향을 미치게 된다.

국토재회복 운동

722년 아스투리아 지방의 전투에서의 승리를 기점으로 가톨릭교
도들의 국토재회복 운동이 시작되어, 이슬람인들은 점점 남쪽으
로 밀려 내려가게 된다. 11세기의 알퐁소 6세의 톨레도 탈환, 엘시
드 장군의 발렌시아 탈환, 13세기 코르도바가 탈환, 1492년 카스티
야의 이사벨라 여왕과 아라곤의 훼르난도 왕이 그라나다의 마지막
이슬람 제국인 나자리 왕국을 항복시킴으로써 약 700년을 걸친 국
토재회복 운동이 완성된다.

신대륙 발견

1492년 국토가 재회복되고, 콜럼버스가 아메리카 신대륙을 발견
함으로써 스페인은 급속도로 발전하게 된다. 왕의 후원을 받고 인
도로 떠난 콜럼버스는 지금의 서인도제도에 도착하게 되고, 이를
계기로 스페인은 아메리카 대륙에 식민지를 개척하고, 해양 산업
에 박차를 가하게 된다.

해가 지지 않는 나라, 스페인

이사벨라 여왕, 카를로스 5세, 펠리페 2세의 통치 기간 동안 스페
인은 "해가 지지 않는 대 스페인 제국"이라고 불릴 만큼 거대한 식
민지를 갖게 된다. 중남미를 비롯, 아시아에서의 괌, 사이판, 필리

핀 그리고 이웃의 포르투갈까지 장악하면서 명실상부한 유럽 최강
국이 된다. 그러나 펠리페 2세 때 최절정에 달했던 스페인 국력은
펠리페 3세 때부터 쇠락의 길을 걷게 되고, 경제 불황과 해양권의
상실로 국력은 급속도로 약화된다.

부르봉 왕가 시대

1700년 스페인 국왕 카를로스 2세가 후사 없이 죽자 프랑스의 루
이 14세는 자신의 아들을 스페인 국위 승계자로 선포하였다. 그러
자 오스트리아 황제가 이에 반대하여 후작 카를로스를 왕위 계승
자로 내세우게 되어 왕위 계승 전쟁이 시작된다. 결국 프랑스 부르
봉 왕가가 승리하여 루이 14세의 손자인 펠러페 5세가 스페인을
다스리게 되었다. 전쟁으로 인해 스페인은 이탈리아 지역에 갖고
있던 많은 속령을 잃게 되고, 지브롤터와 메노르카 섬을 영국에게
빼앗긴다.

나폴레옹 군대 침입과 독립 전쟁

1807년 프랑스 나폴레옹 군대의 스페인 침입은 스페인 전 지역
에서의 저항을 가져와 곳곳에서 민중의 항거가 일어난다. 1808년
5월 2일 마드리드 시민의 봉기에 대한 프랑스군의 무자비한 진압
은 스페인 국민들의 분노를 자아내 전국적으로 독립운동이 일어나

게 되고, 워털루전투와 러시아에서의 패전으로 몰락한 나폴레옹은 엘바 섬에 유배된다.

19세기 자유주의와 왕권 보수주의자들의 충돌(가우디의 활동 시기)

19세기 스페인에서는 자유주의자들과 왕권 보수주의자들이 갈등하게 된다. 자유주의자들은 1812년 성직자의 상속 폐지, 간접 보통선거, 절대왕정의 부정, 주권재민 등을 헌법으로 제정하고, 이를 바탕으로 왕권이 폐지되고 제1공화국이 출범하게 된다. 하지만 제1공화국은 1년 만에 실패로 돌아가고 캄포스 장군의 반란으로 알폰소 12세가 집권하는 부르봉 왕조가 다시 들어서게 된다.

이렇게 정치적 혼란이 계속되는 동안 19세기 초·중반 식민지에서 독립운동이 일어나 스페인은 아메리카 대륙의 식민지들을 잃게 되고, 19세기 후반에 미국과의 전쟁으로 마지막 남은 식민지인 쿠바도 잃게 된다. 스페인의 산업은 정체되었는데, 귀족 중심의 대농장 제로 산업혁명의 영향도 많이 받지 못하고 대규모 공장 시설은 가장 산업화된 지역인 바르셀로나에 몇 개 지어졌을 뿐이었다. 그러나 문화면에서 낭만주의, 사실주의, 자연주의 등 여러 사상 조류가 범람한 이 시기는 비교적 프랑스에 가깝고 산업화된 바르셀로나 지역에서 '카탈루냐 문화의 르네상스'를 이루어, 의학과 자연과학 분야에서는 노벨상 후보를 배출하는 등 상당한 발전을 이룬다.

1917년에 왕실을 붕괴시키려는 사회주의자들의 주도 아래 대대적인 총파업이 발발하였으나 군대가 이를 진압한다. 1921년 모로코에 내란이 일어났고 스페인 군대가 반란 세력을 물리침으로써 군부의 힘은 더욱 강해지게 되어 미겔 프리모 장군이 독재 체제를 선포하게 되나, 민중의 반대로 물러난다.

스페인 건축

로마식 건축

로마 제국은 기원전 2세기부터 6세기까지 스페인을 지배했다. 이 시기 동안 로마의 건축양식과 예술은 스페인에 큰 영향을 미쳤는데 특히 공공시설물에 그 흔적이 많이 남아 있다. 로마 시대에 만들어진 원형 경기장, 극장, 다리, 사원 등의 유적들은 스페인 곳곳에서 찾아볼 수 있다. 세고비아에 있는 유명한 로마 식 수로는 화강암으로 만들어진 견고한 건축물로 현재까지도 세고비아 시에 물을 공급하고 있다.

무어 양식

이슬람 제국은 711년부터 1492년 국토재회복까지 약 800년 동안 스페인을 지배했다. 곡선과 풍부한 장식, 섬세한 세공을 특징으로 하는 이슬람 양식은 특히 스페인 남부의 건축에 큰 영향을 미쳤다. 그라나다에 있는 알함브라 궁전은 세계에서 가장 아름다운 이슬람 식 건축물로, 섬세한 장식과 다양한 색상의 타일들이 이슬람의 낙원을 표현하고 있다.

중세의 건축 양식

종교적인 열망은 건축 분야에 찬란한 업적을 이루게 하여 스페인 각지에 장엄한 대성당들이 지어졌으며, 한 건축물이 수세기 동안 지어지기도 했다. 그리하여 스페인 각지에는 200개 이상의 대성당과 사원들이 세워졌다.

- 로마네스크 양식 : 유럽 각지에서 온 순례자들은 다른 국가들의 건축 양식을 스페인에 전파했는데 로마네스크 양식도 그중 하나다. 인간과 동물의 형상들로 장식된 둥근 천장, 둥근 아치형 건물, 거대한 벽과 그에 비해 작은 창문을 특징으로 하는 로마네스크 양식의 건축은 견고하며 좁은 창 때문에 내부는 어둡다. 이 양식의 건물은 주로 카탈루냐 지방에서 발견할 수 있는데, 타라고나의 포블레트 유적에 있는 사원도 로마네스크 양식으로 만들어진 것이다.

- 고딕 양식 : 12세기 후반 프랑스에서 들어온 건축 양식으로 화려한 색깔의 유리 창문과 첨탑들을 특징으로 한다. 하늘을 향해 솟아오른 뾰족한 건물은 신이 있는 곳으로 가고 싶어 하는 인간의 열망을 보여 준다. 스페인의 부르고스, 레온, 톨레도의 대성당들은 고딕 양식을 보여주는 대표적인 건축물이다.

- 무데하르식 건축 : 1492년 국토재회복 이후 스페인에 남아 있던 이슬람인들의 건축 양식으로, 고딕과 이슬람 양식이 혼합된 독

특한 건축 양식이다. 타일의 사용과 다양한 색상으로, 테투엘의 산마르틴 탑의 벽돌과 도기를 사용한 풍부한 장식은 무데하르식 건축 양식의 특징을 잘 드러낸다.

황금세기의 건축

- 플라테레스코 양식 : 르네상스 시기에 대성당 건축 양식은 변화를 겪게 되는데, 이때 특징적으로 드러나는 것이 플라테레스코 양식이다. 플라테레스코 양식은 은 세공사의 세공법처럼 정교한 장식미를 추구하는데, 건물의 구조는 고전적이며 세부 장식은 이슬람의 전통을 따르는 특징을 가지고 있다.

- 르네상스 양식 : 이탈리아를 통해 들어온 르네상스 양식은 고대 로마 양식의 부활로 대칭감, 둥근 아치, 그리스 식 기둥을 특징으로 한다. 가장 유명한 르네상스 양식의 건축물은 구아다라마 산맥에 있는 엘에스꼬리알 수도원이다. 스페인 왕들의 묘지인 이 수도원은 기념비적이며 장엄한 외관을 특징으로 한다.

- 바로크 양식 : 르네상스 고전주의에 대한 반대되는 경향으로 바로크 양식의 도입으로 곡선이 도드라진 장식이 나타난다. 모든 종교직 건축물늘에 바로크 양식이 추가되었는데, 황금빛으로 도금된 조그만 기둥들이 가득한 병풍들을 건축물에 쳐 놓은 것이 그 예이다. 몬세라트 산에 있는 사원도 이 양식의 영향을 받았다.

19세기 스페인은 정치적으로나 문화적으로 동요와 침체를 겪었다. 그러나 유럽에서 유입된 새로운 건축 양식은 스페인의 건축 양식에 활력을 불어넣었고 건축가들은 새로운 건축 방식을 모색하게 되었다. 이 시기의 대표적인 건축가가 바로 안토니오 가우디이다.

안토니 가우디 꿈꾸는 건축가

ⓒ 김나정, 2004

초   판 1쇄 발행 2004년 7월 21일
개정판 1쇄 발행 2012년 1월 20일
개정판 13쇄 발행 2024년 2월 1일

지은이   김나정
펴낸이   강병철
펴낸곳   더이룸출판사
출판등록   1997년 10월 30일 제1997-000129호
주소   04047 서울시 마포구 양화로6길 49
전화   편집부 02) 324-2347 경영지원부 02) 325-6047
팩스   편집부 02) 324-2348 경영지원부 02) 2648-1311
이메일   jamoteen@jamobook.com

ISBN 978-89-5707-103-8 (44990)